ZIVILRECHTLICHE UND PROZESSRECHTLICHE ABHANDLUNGEN

HERAUSGEGEBEN

VON

DR. WILHELM KISCH
PROFESSOR AN DER UNIVERSITÄT STRASSBURG.

HEFT I.
O. FISCHBACH, DAS SAMMELVERMÖGEN.

STRASSBURG.
VERLAG VON KARL J. TRÜBNER.
1907.

DAS SAMMELVERMÖGEN

VON

Dr. jur. OSKAR FISCHBACH.

STRASSBURG.
VERLAG VON KARL J. TRÜBNER.
1907.

M. DuMont Schauberg, Straßburg.

SEINEM VEREHRTEN LEHRER,

HERRN PROFESSOR DR. W. KISCH,

IN HOCHACHTUNG ZUGEEIGNET

VOM VERFASSER.

VORWORT DES HERAUSGEBERS.

Die wissenschaftliche Arbeit auf juristischem Gebiete hat in dem letzten Jahrzehnt eine so beispiellose Ausdehnung gewonnen, daß die Übersicht über die rechtswissenschaftliche Produktion, namentlich über die monographische Literatur, sich täglich schwieriger gestaltet. Das gilt in besonderem Maße für das Gebiet des Privatrechtes, dessen Neuregelung im Bürgerlichen Gesetzbuch nicht nur der zivilrechtlichen Literatur einen kräftigen Aufschwung gegeben, sondern auch auf die angrenzenden Fächer vielfach anregend und befruchtend eingewirkt hat. Daher liegt es gerade für solche Disziplinen besonders nahe, einen Teil der reichen und vielgestaltigen theoretischen Arbeit in größeren Sammlungen zu zentralisieren. Hierdurch werden Auffindung und Übersicht erleichtert. Durch Übernahme der umfangreichen Abhandlungen werden die Fachzeitschriften entlastet. Durch strenge Auslese wird es ermöglicht, mancher tüchtigen Arbeit, die unter dem Wust der durchschnittlichen Promotionsliteratur leicht unbeachtet bliebe, größere Aufmerksamkeit und Verbreitung in der juristischen Welt zu sichern. Darum mag es nicht als von vorneherein aussichtslos und überflüssig angesehen werden, wenn ich es wage, trotz der bereits bestehenden vortrefflichen Unternehmungen dieser Art, wie sie beispielsweise im Guttentagschen Verlage betrieben, wie sie von Otto Fischer, von Rudolf Leonhard, von Bernhöft und Binder geleitet werden, mit einer weiteren Sammlung, deren erste Arbeit hiermit erscheint, an die Öffentlichkeit zu treten.

Die Anlage dieser Sammlung denke ich mir, wie folgt. Aufnahme sollen naturgemäß nur Arbeiten von größerer Ausdehnung finden, die eben ihres Umfanges wegen zweckmäßig nicht als Zeitschriftenartikel, sondern als selbständige Monographien veröffentlicht werden. Die einzelnen Beiträge sollen zwanglos erscheinen und weniger durch ihre Zahl als durch ihren Inhalt zu wirken suchen. Ihrem Gegenstande nach werden die Abhandlungen, entsprechend der gegenwärtigen Richtung unserer Literatur, zu einem nicht geringen Teile wohl Fragen des Privatrechtes erörtern. Doch würde ich großen Wert darauf legen, auch aus dem Bereiche des Zivilprozeßrechtes, das der wissenschaftlichen Betrachtung noch so manches wichtige und reizvolle Problem zu lösen aufgibt, recht viele tüchtige Arbeiten zu gewinnen. Auch auf dem scheinbar so engbegrenzten Gebiete des Konkursrechtes harrt noch mehr als eine Frage der endgültigen Beantwortung. Und schließlich soll der junge Zweig der freiwilligen Gerichtsbarkeit, deren theoretische Durchforschung im einzelnen erst während der letzten Jahre einen zaghaften Anlauf zu nehmen scheint, in unserer Sammlung eine Pflegestätte finden. So öffnet sich uns ein weites Arbeitsfeld!

Als Mitarbeiter auf diesem Felde werden sich wohl am ehesten junge Fachgenossen einstellen, die an der hiesigen, vielleicht auch an einer sonstigen Hochschule Deutschlands den Doktorgrad erworben haben, vorausgesetzt natürlich, daß ihre Arbeiten nach der übereinstimmenden Ansicht ihrer Lehrer und des Herausgebers dieser Sammlung mit den Doktordissertationen mittlerer Art und Güte nur den Namen gemein haben. Aber auf diesen Kreis möchte ich mich keineswegs beschränken. Vielmehr würde es mir besondere Freude und Genugtuung gewähren, wenn auch akademische Lehrer und wissenschaftlich interessierte Praktiker mir die eine oder andere ihrer Abhandlungen überlassen und mit dem Gewicht ihres Namens zum Ansehen der Sammlung beitragen wollten. Sie alle seien zur Mitarbeit herzlich eingeladen!

Daß endlich die äußere Gestaltung des Unternehmens, insbesondere was Druck, Ausstattung und Vertrieb der Arbeiten anlangt, auch den strengsten Anforderungen bestens entsprechen wird, dafür bürgt der bekannte und vortreffliche Verlag, in welchem die Sammlung erscheint.

Straßburg, im März 1907.

Wilhelm Kisch.

VORBEMERKUNG.

Von der folgenden Abhandlung haben die §§ 1—16 der rechts- und staatswissenschaftlichen Fakultät der Kaiser-Wilhelms-Universität Straßburg als Dissertation vorgelegen und auf Grund eines Referats des Herrn Professor Kisch die Genehmigung derselben gefunden.

Der Verfasser.

INHALTSVERZEICHNIS.

II. Teil.

Zweiter Abschnitt. EIGENE THEORIE.

Dritter Teil:

DIE EINZELNEN BETEILIGTEN UND IHRE RECHTSVERHÄLTNISSE.

Vierter Teil:

DIE PFLEGSCHAFT FÜR EIN SAMMELVERMÖGEN.

LITERATUR.

Achilles, Gebhard, Spahn, Protokolle der Kommission für die 2. Lesung des Entwurfs eines BGB.

Archiv (Kohlers) für bürgerliches Recht
Bd. V: Staub, H.
Bd. VIII: Krückmann, Kommissionen, Komitees usw.
Bd. XIX: Schilling.

Archiv f. zivilist. Praxis
Bd. 83: Lang, Die Wirkungen der fiduziarischen Geschäfte.

Baum, Das schwebende und widerrufliche Eigentum. Berlin. Diss. 1896.

Bekker, System des heutigen Pandektenrechts Bd. I 1886; Bd. II 1889.

Beiträge (Gruchots) zur Erläuterung des deutschen Rechts: Bd. 32 (S. 8); Bd. 40 (S. 240); Bd. 46 (241, 691); Bd. 48 (154); Bd. 50 (S. 703).

Birkenbihl, Das Vormundschaftsrecht des BGB. 1900.

Böhm, Das Vormundschaftsrecht des BGB. 1897.

Bolchini, Ferr. Le pubbliche sottocrizioni nel diritto privato. Torino 1905.

Brinz, A. Lehrbuch der Pandekten.

Buchka, v., Vgl. Darstellung des BGB. u. des gemeinen Rechts, 2. Aufl. 1898.

Burkhardt, Zum Begriff der Schenkung. 1899.

Cosack, Lehrb. des BGB. Bd. I, II 3. Aufl.

Crome, System des BGB. Bd. I—III.

Dalloz, Jurisprudence général, Recucil périodique 1884, 1885, 1903.
„ Répertoire unter „secours public“.

Denkschrift zum Entwurf eines BGB. 1896.

Dernburg, Lehrb. d. Pandekten 5. Aufl. 1896.
„ Lehrb. d. BGB. Bd. 1—5.

Endemann, Lehrb. d. BGB. Bd. I (9. Aufl.) II (7. Aufl.).

Eck, Vorträge über das BGB. Bd. I—III.

Engelmann-Staudinger, Komm. z. BGB. Bd. IV 2. Aufl.

Entwurf eines BGB. I. u. II. Lesung.
„ „ „ u. eines Einführungsgesetzes, Bundesratsvorlage 1898.

Fuchs, F., Das Wesen der Dinglichkeit, 1889.
„ Grundbuchrecht 1902.

Gerber-Cosack, Deutsches Privatrecht Bd. I, II 1899. 17. Aufl.

Gierke, Deutsches Privatrecht Bd. I 1895; Bd. II 1905.
„ Der Entwurf eines BGB. und das deutsche Recht.
„ Vereine ohne Rechtsfähigkeit nach dem neuen deutschen Recht. 2. Aufl. 1902.

Geigel, Reichs- und reichsländisches Kirchen- und Stiftungsrecht.

Grünhuts Ztschrft. Bd. I (S. 357): Unger, Das Versprechen als Verpflichtungsgrund.

Hölder, Natürliche und juristische Personen 1905.
Jhering, v., Der Zweck im Recht Bd. I,
v. Jherings Jahrbücher f. Dogm. Bd. 16: Kohler, Mentalreservation und Simulation. Bd. 18: Jhering, Rechtsgutachten betr. die Gäubahn. Bd. 34: Strohal, Bemerkungen zum Entw. eines BGB. Bd. 35: Isay, Zur Lehre von den Sammelgeschäften. Bd. 43: Schultze, A., Treuhänder im geltenden bürg. Recht. Bd. 44: Lenel, Geschäftsbesorgung.
Jaeger, O., Komm. zur Konkurs-Ordnung. 2. Aufl.
Kiepert, Die Sammlungen zu wohltätigen oder gemeinnützigen Zwecken n. BGB. 1904. Diss. Freiburg.
Kisch, W., Die Wirkungen der nachträglich eintretenden Unmöglichkeit usw.
„ Begriff u. Wirkungen der besonderen Streitgenossenschaft, 1899.
Kleemann, Die Pflegschaft für ein Sammelvermögen. Diss. Erlangen 1902.
Knoke, Das Recht der Gesellschaft 1901.
Kohler, Rechtsfälle zum Studium des französischen Zivilrechts. II. Smlg.
„ Lehrb. d. BGB. Bd. I 1904.
Kohler-Holtzendorff, Rechtsenzyklopädie 2 Bde.
Kuhlenbeck, Von den Pandekten zum BGB. Bd. II.
„ Komm. z. BGB.
Laband, Das Staatsrecht des deutschen Reiches, 4. Aufl. 4 Bde.
Leonhard, Der allgemeine Teil des BGB.
Matthias, Lehrb. d. BGB. 2 Bde.
Motive zum Entwurf eines BGB. Bd. 2 u. 4.
Oertmann, Komm. z. Recht der Schuldverhältnisse, 2. Aufl.
Planck, Komm. zum BGB. 1. u. 2. Aufl.
Puchelts Ztschrft. für Zivilrecht. Bd. 35 (S. 105).
Puchta, in Hinschius Ztschrft. f. Gesetzgebung und Rechtspflege in Preußen. Bd. 2 (S. 473) 1868.
Regelsberger, Pandekten, Bd. I 1893.
„ Streifzüge in das Gebiet des Zivilrechts.
Riedel, Das BGB. im Vergleich mit dem preußischen Recht. 1897.
Rümelin, Zweckvermögen und Genossenschaft.
Schlegelmilch, Das fiduziarische Geschäft. Dissert. Jena 1904.
Schroeder, Lehrb. d. deutschen Rechtsgeschichte 2. Aufl.
Schultze, A. S., Das deutsche Konkursrecht in seinen juristischen Grundlagen. 1880.
Schultze-Görlitz, Die Angelegenheit der freiw. Gerichtsbarkeit.
Sohm, Institutionen, 11. Aufl.
Staudinger, Komm. z. BGB. siehe Engelmann St.
Strohal, Das deutsche Erbrecht. 2 Bde. 2. Aufl.
Windscheid-Kipp, Lehrb. der Pandekten mit Berücksichtigung des BGB. 3 Bde. 8. Aufl. 1900.

ERSTER TEIL.

EINLEITUNG.

§ 1.

DER BEGRIFF DES SAMMELVERMÖGENS.

I. Es ist eine fundamentale Erscheinung im Menschenleben, daß da, wo die Kräfte des Einzelnen nicht ausreichen, um ein Werk zu vollbringen, mehrere sich verbinden und mit vereinten Kräften an's Ziel zu gelangen suchen. Die weittragende Bedeutung dieses „Assoziationsprinzips“ rechtfertigt es, dasselbe als fast untrüglichen Kulturmesser zu verwerten.

Im wirtschaftlichen Leben macht sich sein wachsender Einfluß bemerkbar in der ständigen Vermehrung der Gesellschaften, Vereine, Genossenschaften, der Syndikate, Kartelle, Trusts usw., alles Erscheinungen, welche die Gesetzgebung zum größten Teil in den entsprechenden juristischen Instituten festgelegt hat. Diese Interessengemeinschaften stellen sich allerdings meistens als materielle dar; aber auch ideale Bestrebungen werden, namentlich, weil sie in der Regel einer materiellen Grundlage nicht entbehren können, durch die Vereinigung Vieler wesentlich gefördert. Daß diese Erkenntnis sich mehr und mehr Bahn bricht, zeigt sich in der stetigen Vermehrung der Vereine und nicht zum wenigsten in einer von Tag zu Tag häufiger werdenden Erscheinung unseres „assoziativen“ Lebens, den „Sammlungen“.

Sammlungen finden statt zu allen möglichen Zwecken. Bald will man der durch einen Brand oder eine Überschwemmung heimgesuchten Bevölkerung einer Stadt zu Hülfe kommen, bald einem bedeutenden Staatsmann oder Gelehrten ein Denkmal errichten, bald auch die Mittel zu irgend einer gemeinnützigen Stiftung beschaffen. Sie sind deshalb so beliebt und so häufig, weil sie die Persönlichkeit des einzelnen Individuums fast gar nicht in Anspruch nehmen. Man leistet seinen Beitrag, in der Regel ganz nach subjektivem Ermessen hoch oder niedrig, und hat dafür die Genugtuung, einen edlen Zweck gefördert zu haben, ohne irgend welche Mühe oder Verantwortung auf sich zu laden. Es bildet dies einen großen Vorzug gegenüber dem Beitritt zu einer Gesellschaft oder einem Verein, die sich zwar die gleichen Ziele wie ein Sammelunternehmen stecken können, die aber die Gesellschaft oder das Vereinsmitglied auf längere Zeit nicht nur in materieller, sondern auch in persönlicher Hinsicht fesseln können.

Die Sammlungen haben daher auch schon in vielen Fällen Segensreiches geschaffen, wo Vereine und Gesellschaften, besonders aber der einzelne Mensch selbst beim besten Willen versagt hätten. Und wenn die vielberufene, temperamentvolle Äußerung Jherings,[1]) es seien Sammlungen dieser Art „der mächtigste Bundesgenosse des Staats in der Verfolgung gemeinnütziger Zwecke" vielleicht nicht frei von Übertreibungen erscheint, so bleibt doch wahr, daß wir solchen Unternehmungen eine große soziale Bedeutung zumessen dürfen. Juristisch betrachtet, haben wir es mit einer ganz modernen Rechtserscheinung zu tun, die sich von anderen Assoziationen durch das beinahe völlige Zurücktreten der Person hinter die Sache sowie durch den Mangel an jeglichem materiellen Interesse der Teilnehmer kennzeichnet.

I. Unter Sammlungen versteht man einen Komplex von einzelnen Sammelgeschäften, d. h. solchen Rechtsgeschäften, welche dazu bestimmt sind, ein „Sammelvermögen" (S. V.) bilden zu helfen.[2]) Aber nicht jedes auf dem Wege der Samm-

---

[1]) In seinem „Gutachten betreffend die Gäubahn". Jahrbücher für Dogmatik Bd. 18 S. 19.

[2]) E. J. Bekker, Pand. Bd. II S. 283 f.

lung sich anhäufende Vermögen führt die Bezeichnung Sammelvermögen im Sinne der folgenden Darstellung. Vielmehr bedarf der weite Begriff der „Sammlung“ nnd dementsprechend auch der des S. V. erheblicher Einschränkungen, so daß wir gegenüber dem umfassenderen Sprachgebrauch des Lebens zur Aufstellung eines enger begrenzten, juristisch-technischen Begriffs des S. V. gelangen.

1. Jede Sammlung verfolgt, wie überhaupt alles vernünftige menschliche Handeln, einen bestimmten Zweck. Die Verwirklichung desselben und die ihr vorausgehende Sammeltätigkeit bildet als Ganzes das „Sammelunternehmen“[1]) (S. U.). Wie der Spender durch die Spende nur vorübergehend einem S. U. beitritt, so will auch der Sammler nicht dauernd an dasselbe gebunden sein. Auch er drängt auf möglichst schnelle Erreichung des Sammelzwecks, um die in vielen Fällen recht bedeutende Last und Verantwortung wieder von seinen Schultern zu wälzen. Er setzt sich also keinen dauernden Zweck; wollte er dies, so könnte er ihn ja besser durch Gründung eines Vereins oder einer Stiftung erreichen. Sammlungen können zwar auch dauernde Einrichtungen, z. B. eine Stiftung schaffen, aber sie sind doch selbst niemals dauernde Organisationen. So bildet sich gerade der „vorübergehende Zweck“ zum Charakteristikum eines jeden S. U. aus.[2]).

Daß ferner der Sammelzweck ein erlaubter sein muß, d. h. daß er nicht unsittlich oder gesetzwidrig sein darf, bedarf als selbstverständliche Folgerung aus allgemeinen Rechtsgrundsätzen keiner näheren Ausführung.

2. Eine notwendige Voraussetzung eines jeden S. U. ist ferner eine Mehrheit solcher Personen, welche dem S. U. Beiträge widmen; sie seien mit dem allgemeinen Ausdruck „Spender“ bezeichnet.

3. Die „Spenden“ müssen notwendig unentgeltlich sein und in der Absicht erfolgen, einen den materiellen Inter-

---

[1]) Kleemann, Die Pflegschaft für ein Sammelunternehmen, S. 14.

[2]) Dies betonte zuerst Puchta in der Ztschrft. f. Gesetzg. u. Rechtswissenschaft (herausgeg. v. Hinschius) Bd. II S. 473 f.

essen der Spender nicht unmittelbar dienenden Zweck zu erzielen. Ein jeder Spender muß seinen Beitrag mit dem Bewußtsein des Zusammenwirkens aller leisten; denn sonst wäre seine Spende vielleicht ein Geschenk, ein Almosen, aber nicht ein Beitrag zu einem S. U.

Unbedingtes Erfordernis ist endlich das Vorhandensein eines oder mehrerer „Sammler". Ihnen fällt die Aufgabe zu, die gesammelten Beiträge in Empfang zu nehmen und das so zustandegekommene S. V. seinem Zweck zuzuführen. Sammler wird gewöhnlich nur sein, wer das Vertrauen weiter Kreise genießt, oder dessen Name, Vermögen und Stellung eine sichere Gewähr für redliche Geschäftsführung verbürgt.

Fassen wir das Ergebnis obiger Untersuchungen zu einer Definition zusammen, so würde dieselbe etwa lauten:

> Das S. U. ist eine Veranstaltung, bei welcher mehrere Personen, ohne zu einander in ein Vertrags- oder Vereinsverhältnis zu treten, in der Absicht, nicht ihre eigenen materiellen Interessen zu fördern, sondern ihren idealen oder sozialen Sinn zu betätigen, mit Rücksicht auf einen bestimmten, vorher kundgegebenen, erlaubten, vorübergehenden Zweck bewußt gemeinschaftlich in der Hand des Sammelorgans Beiträge vereinigen, damit dieses vermittelst des so zustande gekommenen S. V. den Sammelzweck verwirkliche.[1])

II. Nicht unter den Begriff des S. U. fallen daher, und zwar, weil ihnen das eine oder andere, sei es positive oder negative wesentliche Merkmal obiger Definition fehlt, folgende Veranstaltungen:

1. Unternehmungen, bei denen die Spender im wesentlichen identisch mit denjenigen sind, welche den Genuß des S. V. haben, z. B. Sammlungen für gemeinsam zu feiernde Feste.[2])

---

[1]) Vgl. Kleemann, a. a. O. S. 10. — Kiepert, Die Sammlungen zu wohltätigen oder gemeinnützigen Zwecken, S. 5.

Vgl. auch die Definition in der Entsch. des O. L. G. Karlsruhe, Puchelts Ztschrft. f. deutsch. bürg. Recht u. franz. Zivilrecht Bd. XXXVII S. 485.

[2]) Kiepert, a. a. O. S. 5 Nr. 3.

In diesem Falle werden wohl am besten Gesellschaftsgrundsätze Platz greifen.[1])

2. Veranstaltungen, bei welchen die Spender unter sich in ein Vertragsverhältnis (Gesellschaft) treten und die zu bewirkenden Leistungen, wie auch den Zweck des Vertrages genau vereinbaren.[2]) Der „Sammler" ist in diesem Falle nur Beauftragter.[3])

3. Der Fall, daß die Sammlung von einer bereits bestehenden Korporation oder einer sonstigen Personenmehrheit oder einer durch die vorgenannten Verbände eingesetzten Kommission ausgeht und zwar lediglich im Interesse dieser dauernd bestehenden Personenmehrheit, so daß eine Vereinigung des so gesammelten Vermögens mit dem Korporationsvermögen stattfindet.[4])

4. Sammlungen, die keinen vorübergehenden, sondern einen dauernden Zweck verfolgen, bei denen daher auch kein vorübergehendes Vermögen, sondern ein ständiger Fonds geschaffen wird, der seinerseits wieder ständige Verwaltungseinrichtungen erfordert. Als Beispiel diene folgender Fall: Ein Komitee veranstaltet alljährlich eine Sammlung zugunsten der Ferienkolonien; der am Schluß eines Geschäftsjahres verbleibende Überschuß wird im nächsten Jahr in Verbindung mit den neu gesammelten Gaben verwendet.

5. Einigen Zweifel dagegen könnte der Fall veranlassen, daß nicht durch rein einseitige Hingabe von Geld oder anderen Gegenständen gespendet wird, daß vielmehr durch den Verkauf von Losen einer Wohltätigkeitslotterie, von Eintrittskarten zu

---

[1]) An diese Fälle denkt wohl auch Crome, System des bürg. Rechts Bd. I S. 270, wenn er für einen Teil der Fälle, je nach den Umständen oder nach der Art der Beitragsleistung Gesellschaftsrecht eintreten läßt.

[2]) Kiepert, a. a. O. S. 4 Nr. 2.

[3]) Kiepert, ebenda S. 24.

[4]) Kiepert, a. a. O. S. 5 Nr. 4; Kleemann, a. a. O. S. 9 Nr. 1 bis 2. Im Gegensatz zu Kleemann ist für den Fall 3 ein echtes S. U. dann anzunehmen, wenn der Vereinszweck ein anderer als der Sammelzweck ist und das S. V. mit Kenntnis des spendenden Publikums getrennt vom Vereinsvermögen verwaltet wird. (Kiepert, a. a. O. S. 8.)

Wohltätigkeitsfesten, -konzerten, von Ansichtskarten usw. ein Vermögen angehäuft wird. Man könnte hierin echte S. U. erblicken, weil das in Aussicht auf Gewinn oder den ästhetischen Genuß gewährte Entgelt, meist in gar keinem Verhältnis zu der Leistung der Spender steht,[1]) dieselben auch nicht durch diese Aussicht zur Spende verleitet werden und oft freiwillig auf den zu erwartenden Genuß verzichten. Richtig dürfte es aber sein,[2]) diesen Veranstaltungen den Charakter echter S. U. abzusprechen. Denn wenn nicht die meisten Käufer der Lose oder Besucher der Wohltätigkeitsvorstellungen einen Entgelt in der einen oder anderen Weise erhofften, so könnte man ja viel einfacher mit Ersparung der oft beträchtlichen Kosten ein gewöhnliches S. U. ins Werk setzen. Ein solches würde aber, was man wohl weiß, zu gar keinem oder einem viel geringeren Resultat führen; und so wählt man daher einen erheblich umständlicheren Weg, der dem Geschmack des größeren Publikums mehr Rechnung trägt.

§ 2.

GESCHICHTE UND QUELLEN.

I. Bis zur Abfassung des Bürgerlichen Gesetzbuches wurden Sammlungen in keinem Gesetzbuche erwähnt. Auch die Gerichte

---

[1]) So auch Kiepert, a. a. O. S. 5 und Staudinger-Engelmann, Komm. 3. Familienrecht 2. Aufl. S. 1218.

[2]) Zur Erläuterung sei noch folgendes Beispiel angeführt: Alljährlich finden in größeren Städten Sammlungen statt zur Ausstattung von Armenlotterien; die gesammelten Gegenstände bestehen regelmäßig nicht in Geld, sondern in Naturalgaben nach Wahl und Vermögen der Spender. Sind die oben erwähnten übrigen Voraussetzungen noch gegeben, so liegt hier ein echtes S. U. vor. Das dadurch gewonnene S. V. bildet nun den Grundstock einer durch ein Komitee oder eine Kommission noch zu veranstaltenden Armenlotterie, deren Loseabsatz sich aber hauptsächlich nach dem Wert und der Menge der Gaben, also meist nicht nach ethischen und sozialen, sondern gewinnsüchtigen Motiven richtet, und deshalb kann hier von einem S. U. nicht wohl die Rede sein. Wollte man ein solches annehmen, so hätte man im ersten Fall ein S. U., dessen Zweck die Veranstaltung eines weiteren S. U. wäre, eine zum mindesten sehr eigentümliche Erscheinung.

haben sich nur wenig mit dieser Erscheinung befaßt.[1]) Bis in die neueste Zeit hinein haben auch die Vertreter der Wissenschaft diese Materie mit Stillschweigen übergangen. Das Verdienst, die Frage nach der juristischen Natur der S. U. zuerst wissenschaftlich behandelt zu haben, gebührt Puchta.[2]) Erst durch die Einfügung des § 1914 in das BGB. wurde ein regeres wissenschaftliches Interesse für das S. U. wachgerufen.

Im Gegensatz hierzu ist kulturhistorisch betrachtet das S. U. eine altgewohnte Erscheinung. Das Bestreben, Kräfte und Vermögensmittel zahlreicher Menschen zu vereinigen, — wo die Machtmittel des Einzelnen unzureichend erscheinen —, ist in der Natur der Sache so sehr begründet, daß man auf einen ziemlich frühen Ursprung unserer Sammlungen wird schließen dürfen. Unter diesen Umständen erscheint es aber müßig, eine genaue oder ungefähre Entstehungszeit ermitteln zu wollen. Wenn von einer Seite[3]) der Ursprung unseres Instituts in den

---

[1]) Vgl. Krückmann im Arch. f. bürg. R. Bd. 8 S. 67 f., der ein vom Landgericht Rostock gesprochenes, aber nicht gedrucktes Urteil zitiert; ferner Staudinger-Engelmann, Komm. Bd. IV S. 1217 Anm. 1, Abs. II und S. 1218 Anm. 3, Abs. I sowie Bd. 4 des Zentralblatts für freiw. Gerichtsbarkeit und Notariat S. 646. — Das berühmteste Beispiel wird gebildet durch den Prozeß des Komitees von Sammlern zugunsten der Erbauung der Gäutalbahn gegen die Zentralbahn, der verschiedene bedeutsame Gutachten veranlaßte, insbesondere auch das schon zitierte von Jhering. — Weitere Fälle erwähnt Bolchini, F. (Le pubbliche sottoscrizioni, Torino 1905) No. 8 l. c. aus der italienischen Praxis: Ein Sammler, der die Mittel zu einer Kleinkinderschule zusammengebracht hatte, wird verklagt, weil er aus politischen Gründen die Lehrerin entlassen und die Mittel ihrem Zwecke vorenthalten hatte. Urteil des Appellhofes Mailand vom 18. Mai 1898 (im Foro Italiano 1898 I 1238 und Monitore dei Tribunali 1898 S. 492); ferner Urteil des Kassationshofs Turin (Monitore dei Tribunali 1900 S. 581): Für ein Denkmal zu Ehren der gefallenen Mitglieder der Lega Lombarda zu Legnano hat ein Bildhauer einen Entwurf angefertigt, auf dessen Zahlung er das Sammelkomitee verklagt. (Urteil des Kassationshofes Turin.) — Bezüglich der franz. Rechtsprechung vgl. Dalloz, Jurisprudence générale, Recueil periodique 1884, 1885, 1903.

[2]) Puchta in Hinschius Ztschrft. a. a. O. S. 673 f.

[3]) Kleemann, a. a. O. S. 11.

Anfang des siebzehnten Jahrhunderts oder in die Zeit der deutschen Befreiungskämpfe, von einem anderen Schriftsteller[1]) gar in die Mitte des 19. Jahrhunderts (??) verlegt wird, so wird man diese Aufstellungen als ziemlich willkürlich bezeichnen dürfen.[2]) Gewiß entsprechen Freigebigkeiten, insbesondere auch in Kollektivform dem praktisch nüchternen Sinn der Römer wenig; aber es ist nicht einzusehn, warum sie nicht ebenso wie Einzelschenkungen gemeinschaftliche Zuwendungen nach Art der Sammlungen gekannt hätten, zumal wenn öffentliche Zwecke die Betätigung des sicherlich vorhandenen Gemeinsinnes erforderten.[3]) Und wenn andrerseits auch im christlichen Mittelalter die Wohltätigkeit sich regelmäßig anderer Formen bediente, namentlich der Gründung frommer Stiftungen oder der Zuwendung an die bereits vorhandenen kirchlichen und vor allem klösterlichen Anstalten, so darf man als durchaus gewiß betrachten, daß auch in jener Periode unser Institut mannigfach zur praktischen Anwendung gekommen sein mag.[4]) Ja es scheint fast, als ließen sich die Spuren desselben bis in ein sehr frühes Altertum hinein verfolgen.[5]) Auf alle Fälle müssen wir darauf verzichten, für eine so natürliche und naheliegende Erscheinung eine zeitliche Schranke zu bestimmen.

II. Wie erklären wir aber die befremdliche Tatsache, daß die Gesetzgeber früherer Zeiten nie daran gedacht haben, die

---

[1]) So Puchta, a. a. O.

[2]) Die letztere widerlegt sich schon durch den Hinweis auf die Sammlung zugunsten der „Göttinger Sieben“ (1837); vgl. Jhering, a. a. O. S. 18 u. Isay, a. a. O. S. 446. Man lese auch Heine, Deutschland, Kap. XXI.

[3]) So erinnert Bolchini Nr. 2 an die Beiträge reicher Römer behufs Beschaffung von Verteidigungsmitteln gegen Hannibal: Livius, XXIV 11, 18; XXXVI, 6.

[4]) Beispiele bei Bolchini Nr. 2. (Kirchenbau, Verteidigung gegen den Feind).

[5]) Warum sollte es uns verwehrt sein, ein S. U. bei der in der Bibel erwähnten, von Aaron unter den Israeliten veranstalteten Sammlung zur Errichtung eines goldenen Kalbs zu erblicken!

Vgl. auch die Angaben in der Encycl. Britannica 10. edit. Bd. XXIII S. 676 sub charity, wonach im 14. u. 15. Jhrh. zahlreiche Sammlungen zu kirchlichen Zwecken stattfanden.

juristischen Beziehungen des S. U. gesetzlich zu regeln? Die Ursachen sind mannigfaltiger Natur. Nicht zum wenigsten dürfte ein Grund für diese auffallende Erscheinung in der Seltenheit solcher S. U. in früherer Zeit zu suchen sein. In unserem Zeitalter verschärfter sozialer Gegensätze, aber auch größeren sozialen Verständnisses übernehmen die S. U. vielfach die Rolle, welche, wie schon oben hervorgehoben, früher Kirchen und Klöstern zufiel.

Auch fand sich bei den mehr patriarchalischen Verhältnissen zwischen Besitzenden und Arbeitgebern einerseits, Dienenden und Arbeitern andrerseits, wie sie in früheren Zeiten bestanden, für ein S. U. nicht genügend Boden, da sich die Unterstützung fast nur im engen Kreise vollzog. Die Folge des Mangels an gesetzlichen Vorschriften und der damit zusammenhängenden Unsicherheit in der rechtlichen Beurteilung aller mit diesen S. U. zusammenhängenden Fragen war wieder eine begreifliche Scheu der Beteiligten, etwaige Meinungsverschiedenheiten vor das Forum des Richters zu bringen.[1]) Hinzu kommt noch die große Erschwerung der Kontrolle über die richtige Verwendung der gespendeten Gaben. Von größter Bedeutung in dieser Hinsicht ist ferner ein psychologisches Moment: Gewöhnlich sind der Sammler oder die Mitglieder eines Komitees Personen, die das Vertrauen weitester Kreise genießen; man denke an den Pfarrer, den Bürgermeister oder die sonstigen Honoratioren einer Stadt. Zu diesen Personen hegt der Spender das Vertrauen, daß sie mit den empfangenen Gaben pflichtgemäß verfahren werden, weil sie es ihrem eigenen guten Namen schuldig sind. Selbst wenn aber der einzelne Spender etwas Nachteiliges bezüglich der Verwaltungstätigkeit dieser Personen hören sollte, wird er sich scheuen, wegen seines Beitrags gegen so angesehene Leute vorzugehn. Überdies ist sich der Spender, nachdem er seine Gabe übergeben hat, wohl von jeher über die juristische Natur des Spendungsaktes im Unklaren gewesen. Oft genug mag er der Ansicht sein, daß er an den hingegebenen Gaben überhaupt keine Rechte mehr habe. Soll er daher wegen eines

---

[1]) Vgl. dagegen das am 5. I. 05 vom O. L. G. Karlsruhe erlassene Urteil in Puchelts Ztschrft. Bd. 37 S. 484.

Gegenstandes, der für ihn kein besonderes materielles Interesse mehr hat, einen zweifelhaften Prozeß führen?

Die angegebenen Gründe treffen in der Mehrzahl auch heute noch zu; sie bilden wohl eine Erklärung, aber keine Rechtfertigung für die bisher in der Literatur wie in der Gesetzgebung hervorgetretene Vernachlässigung der S. U. Dies gilt namentlich in unseren Tagen, wo die Zahl der S. U. infolge der modernen Geldwirtschaft, des weitverzweigten Preßwesens und der erleichterten Verkehrsbedingungen gewaltig im Wachsen begriffen ist.

III. Auch in unserem geltenden Reichsrecht ist die Regelung des S. U. noch eine durchaus unzulängliche. Der Wissenschaft ist also bei der Untersuchung dieser interessanten, noch keineswegs abgeschlossenen rechtlichen Neubildung ein weiter Spielraum gelassen.[1]) Die Hauptbestimmung des Gesetzes ist der § 1914 BGB.:

> „Ist durch öffentliche Sammlung Vermögen für einen vorübergehenden Zweck zusammengebracht worden, so kann zum Zweck der Verwaltung und Verwendung des Vermögens ein Pfleger bestellt werden, wenn die zur Verwaltung und Verwendung berufenen Personen weggefallen sind."

Diese Bestimmung regelt also nur einen einzigen Punkt im Rahmen des in zahlreichen anderen Beziehungen bedeutsamen Instituts und will, wie schon die Protokolle[2]) hervorgehoben haben, der Frage nach der rechtlichen Natur des S. U. in keiner Weise präjudizieren.

Auch die Entstehungsgeschichte der zitierten Vorschrift gewährt uns für die Erkenntnis des S. U. nur geringe Ausbeute. An dieser Stelle soll deshalb eine ausführliche Darstellung über den Entwicklungsgang des § 1914, wie sie bereits von anderer Seite gegeben ist,[3]) nicht wiederholt werden.

---

[1]) So Strohal in Jherings Jahrb. Bd. 34 S. 336. — Vgl. auch Regelsberger, ebenda Bd. 36 S. 472. —

[2]) Protokolle der Kommission für die zweite Lesung des Entw. eines BGB. Bd. VI S. 313.

[3]) Kleemann, a. a. O. S. 14, 15.

Nur eines sei hervorgehoben: Der I. und II. Entwurf eines BGB. hatte das S. U. völlig mit Stillschweigen übergangen. Strohal[1]) gebührt das Verdienst durch seine kritischen Bemerkungen zum Entwurf eines BGB. den Anlaß dazu gegeben zu haben, daß die Kommission für die zweite Lesung des Entwurfs, und zwar erst gelegentlich der Revisionslesung, sich noch in letzter Stunde mit dem S. U. befaßt hat. Der für den jetzigen § 1914 vorbildlich gewordene § 1790 lautete:

„Ist durch öffentliche Sammlung Vermögen für einen vorübergehenden Zweck zusammengebracht worden, so kann auf Antrag von Beteiligten zum Zweck der Verwaltung und Verwendung des Vermögens eine Pflegschaft angeordnet werden, wenn die zur Verwaltung und Verwendung berufenen Personen weggefallen sind, oder ein Grund vorliegt, der nach § 652 ^{I} (= § 699 Entwurf III = BGB. § 712) die Entziehung der Vollmacht eines Gesellschafters rechtfertigen würde."

Der § 652 ^{I} wie auch § 712 BGB. erfordern aber das Vorliegen eines wichtigen Grundes, als welcher insbesondere grobe Pflichtverletzung oder Unfähigkeit zur ordnungsmäßigen Geschäftsführung bezeichnet wird. Zu diesem Antrag II (ein Antrag I war abgelehnt worden) wurde die Bemerkung hinzugefügt: „Die Ansicht von Strohal, daß der Entwurf den Weg zur richtigen Lösung der Frage, in welchem Rechtsverhältnis das von einem sogenannten Komitee gesammelte Geld sich befinde, verschlossen habe, dürfte nicht zutreffen. Das Rechtsverhältnis sei im wesentlichen dasselbe wie bei dem Gelde, welches von dem Zeichner einer Aktie vor der Eintragung der Aktiengesellschaft in das Handelsregister an den künftigen Vorstand eingezahlt worden ist. (§ 189 HGB. = Art. 210 ^{III} Altes HGB.). Die hierdurch in Anregung gebrachte Regulierung der allgemeinen Rechtsgrundsätze des S. V. wurde von der Kommission fallen gelassen mit der Begründung, daß dieses Rechtsverhältnis verschieden beurteilt werden könnte. Keine der in Betracht kommenden Fassungen sei einwandfrei. Es werde kaum möglich sein, alle in Betracht

---

[1]) a. a. O. S. 336 f.

kommenden Fälle einer einheitlichen Regel zu unterwerfen.[1]) Die Absicht der Beteiligten bei der Hingabe und Empfangnahme des Geldes würde je nach den Umständen eine verschiedene sein, und hiernach müssten auch die Rechte und Befugnisse des sogenannten Komitees verschieden beurteilt werden." Die Kommission kam daher zu dem Entschluß, sich einer gesetzlichen Entscheidung der theoretischen Frage zu enthalten und lediglich zu prüfen, ob die Aufnahme von bestimmten positiven Vorschriften empfehlenswert sei. Die Frucht dieser Beratung war dann § 1914 BGB.

Ein dem oben mitgeteilten inhaltsgleicher und nur in der Formulierung ein wenig abweichender Antrag sah noch den Fall vor, daß den Sammlern gegenüber ein wichtiger Grund für die Entziehung der Verwaltung vorliegt. Damit wurde eine erweiterte Möglichkeit der Entziehung der Verwaltung und Verwendung des S. V. geschaffen. Dieser Zusatz wurde jedoch durch die Reichstagskommission gestrichen, weil man dadurch willkürlich die Erreichung des Sammelzwecks verhindern könne.

§ 3.

ZWECK UND EINTEILUNG DER SAMMELUNTERNEHMEN.

A. Hinsichtlich des Zweckes der S. U. läßt sich ein allen Fällen gemeinsamer Satz aufstellen: Der Zweck muß ein vorübergehender sein. Dies kommt in § 1914 BGB. zu deutlichem Ausdruck. Was bedeutet nun im Sinne dieser Vorschrift und des Rechtes des S. U. überhaupt dieses Merkmal? „Vorübergehend" bildet den Gegensatz zu „ständig", „dauernd", „fortlaufend". Vorübergehend wird der Zweck also dann sein, wenn die Sammeltätigkeit nicht als fortgesetzte, regelmäßige oder auch nur periodisch wiederkehrende in's Auge gefaßt ist, und wenn auch äußerlich keine Maßregeln zu dauernden Einrichtungen getroffen sind. Ob dies zutrifft, kann freilich im konkreten Fall

---

[1]) Dies noch jetzt die Ansicht Plancks; siehe den Komm. Bd. IV Anm. zu § 1914.

sehr wohl zweifelhaft sein. Einige der hauptsächlich unsicheren Grenzfälle seien im Folgenden hervorgehoben.

Das Begriffsmerkmal des vorübergehenden Zwecks ist auch dann gegeben, wenn ausnahmsweise mehrfach zeitlich getrennte Sammlungen für den gleichen Zweck veranstaltet werden, z. B. wenn durch die erste Sammlung die für die Errichtung des Denkmals erforderliche Summe nicht zusammengeflossen ist, und ein erneuter Aufruf an einen weiteren Personenkreis ergeht.[1]) Denn auch hier soll die Sammeltätigkeit, wenn sie auch mehrfach einzusetzen gezwungen ist, doch nur bis zur Erreichung eines bestimmten, im voraus ungefähr abgegrenzten Betrages fortgeführt werden. Die dem Zweck gesetzte Schranke liegt hier in der Begrenzung der nötigen Summe. Ein ähnlicher Fall ist der, daß das zusammengebrachte Vermögen schon für den programmäßigen Zweck verwendet ist, aber nicht ausgereicht hat, und eine nochmalige Sammlung durch dasselbe Komitee mit demselben Programm erfolgt. Hier kann es zweifelhaft sein, ob wir es mit einem einzigen oder mit zwei S. U. zu tun haben. In dem einen wie in dem anderen Falle aber ist der Zweck ein vorübergehender.

Bedenklicher ist schon der Fall, wenn von vornherein mehrmalige, sich in bestimmten Zeitabschnitten wiederholende Sammlungen für den gleichen Zweck in Aussicht genommen werden, z. B. wenn alle Jahre einmal für Ferienkolonien gesammelt wird.[2]) Hier wird zu unterscheiden sein, einmal, ob die Sammlungen wiederholt werden, ohne daß nach Beendigung jeder einzelnen ein gewisser Abschluß, eine Unterbrechung des Unternehmens eintritt, ob vielmehr die nicht verwendeten Beträge der früheren Sammlung dem Fonds der neuen einverleibt werden, so daß die Verwaltung eine fortlaufende wird. Das Unternehmen bekommt dadurch einen dauernden Charakter, und mithin kann § 1914 nicht Anwendung finden. Im letzteren Falle werden in der Praxis hauptsächlich die Vereinsgrundsätze

---

[1]) Ein Beispiel bei Bolchini Nr. 8: Sammlungen für ein Denkmal in Legnano zu Ehren der gefallenen Mitglieder der Lega Lombarda.

[2]) Kleemann, S. 28.

Anwendung finden. Oder aber es ist eine ständige Organisation zur Entgegennahme von Beiträgen nicht geschaffen, dann liegt ein S. U. oder eine Mehrheit von solchen mit jeweils vorübergehendem Zweck vor.

B. Der Zweck des S. U. hat bisher das beliebteste Einteilungsprinzip für die Arten unseres Instituts gebildet. Die meisten Unterscheidungen, die bisher versucht wurden, gehen indessèn von rein äußerlichen Gesichtspunkten aus. Sie vermögen daher auch zu keinem praktisch bedeutsamen Ergebnis zu gelangen und sind mithin abzulehnen, da Einteilungen nur dann wissenschaftlichen Wert besitzen, wenn sie sich praktisch verwerten lassen.

I. Dies gilt schon von der Einteilung[1]) der Sammlungen in solche zugunsten einer oder einiger individuell bezeichneter Personen, solche für einen durch ein gemeinsames Schicksal begrenzten Personenkreis (Abgebrannte), solche für einen sogenannten allgemeinen Zweck (Errichtung eines Denkmals). Denn aus dieser Einteilung lassen sich, wie ihr Urheber sich nicht verhehlt, noch keine scharf ausgeprägten juristischen Eigentümlichkeiten herleiten. Es mag zugegeben werden, daß die Produkte der zuletzt genannten Geschäfte den sogenannten juristischen Personen meist näher kommen werden als die anderen, und daß bei den beiden ersten Zwecken drei Klassen von Personen in Frage stehn: Geber, Sammler, Bedachte. Allein es ist nicht zu ersehen, inwiefern die praktische Ausgestaltung unseres Instituts durch diese — ohnehin nur ziemlich vage angedeutete — Unterscheidung beeinflußt werden soll.

II. Nicht anders verhält es sich mit der Aufstellung,[2]) daß gesammelt wird, entweder zu einer Vermögenszuwendung an eine oder mehrere Personen (z. B. als Dankesausdruck an einen verdienten Mann) oder zur Herstellung eines dauernden Werks (Denkmal), oder zur Ausführung eines vorübergehenden Unternehmens (Sedanfeier).

---

[1]) So Bekker, Pand. II S. 283. — Isay in Jherings Jahrb. Bd. 36 S. 411.

[2]) Regelsberger, Streifzüge im Gebiet des Zivilrechts S. 28.

Die logische Schwäche dieser Einteilung besteht, wie leicht zu ersehn, darin, daß der Zweck eines jeden S. U. ein vorübergehender ist.

III. Größere Anerkennung hat dagegen die Unterscheidung gefunden zwischen S. U. für gewisse Personen und solche für die Verwirklichung eines im Interesse der Allgemeinheit liegenden Zwecks: „Personen- und Zwecksammelunternehmen".[1])

Auch diese Einteilung läßt sich vom logischen Standpunkt aus nicht halten, denn es ist leicht einzusehn, daß auch ein P. S. U. ein Zw. S. U. ist. Gleichwohl bietet sie nützliche Gesichtspunkte, und manche Schriftsteller[2]) haben sie daher ihrer Untersuchung zugrunde gelegt.

Von verschiedenen Seiten[3]) wird sie aber deswegen heftig angegriffen, weil bei jedem S. U. ein Destinatär gegeben sei, so daß man von einem bloßen Zw. S. U. niemals reden könne.[4]) Bei S. U. zu allgemeinen Zwecken sei als Destinatär z. B. die Stadt anzusehn, auf deren Grund und Boden das Denkmal errichtet wird. Ja, sogar in dem ausführenden Künstler hat man den Destinatär des S. U. finden wollen. Gerade dieses Beispiel vermag aber die Unrichtigkeit der ihm zugrunde liegenden Ansicht zu zeigen. Es wären nämlich in einem solchen Fall regelmäßig zwei Destinatäre vorhanden, der Künstler, der das Denkmal ausführt, und die Stadt, auf deren Boden es errichtet wird. Eine und dieselbe Zuwendung kann aber nicht als ungeteiltes Ganzes für zwei Destinatäre bestimmt sein. Könnte man ferner nicht auch, wenn man dem geschilderten Gedankengang folgen wollte, die Arbeiter, die das Fundament zum Denkmal bauen, den Steinbruchbesitzer, der die Steine dazu liefert, als Desti-

---

[1]) Regelsberger, l. c. S. 30. Derselbe Pand. I S. 343. Personensammelunternehmen wird forthin mit P. S. U. und Zwecksammelunternehmen mit Zw. S. U. bezeichnet.

[2]) So Hellwig, Verträge auf Leistung an Dritte, S. 238. — Kleemann, S. 32. — Kiepert, S. 8. — Bolchini S. 47 f. u. 105 f.

[3]) Isay, a. a. O. S. 412. — Krückmann, a. a O. S. 87.

[4]) So Krückmann, a. a. O.

natäre ansehn, da sie doch auch aus dem S. V. Bezahlung erhalten?

Die bekämpfte Ansicht geht, — und darin liegt ihr Fehler, — letztlich auf die Vorstellung zurück, als müßte der Destinatär auch immer materiell durch das S. U. bereichert werden. Das ist aber durchaus nicht erforderlich; gerade im Fall einer Denkmalserrichtung ist der Zweck nicht Bereicherung, sondern Ehrung des eigentlichen Destinatärs. Überdies erhält der ausführende Künstler das Geld aus dem S. V. nicht infolge Erfüllung des Sammelzwecks, sondern auf Grund eines von den Sammlern abgeschlossenen besonderen Vertrags, der nur als Mittel zum Zweck dient. Die Bedachten sind also jedesmal diejenigen, zu deren Gunsten das S. U. ins Werk gesetzt wird. Geschieht dies nicht zugunsten bestimmter oder bestimmbarer Personen, so z. B. bei S. U. zur Ausrüstung einer geographischen Expedition, so fehlt es an einem Destinatär.

Die Einteilung in P. S. U. und Zw. S. U. läßt sich also nicht durch die grundsätzliche Annahme eines Destinatärs widerlegen, wohl aber dürfte sie durch folgende Erwägung auf ihre wahre Bedeutung zurückgeführt werden: Der Zweck gehört zur Individualisierung von S. U., ohne welche wohl kaum jemand Gaben spendet. Bei dem P. S. U. spielt die Person des Bedachten in den Augen des Spenders die maßgebende Rolle: der Spender macht seine Zuwendung nur unter der Voraussetzung, daß die Spende wirklich dem benannten Empfänger und keinem anderen zukommen soll. Die Individualisierung ist in diesem Falle eine persönliche, sie kann aber ebenso gut eine sachliche sein. Nötig ist sie aber für jedes S. U. Kein Mensch spendet Gaben für ein solches, ohne sich über den Zweck desselben zu erkundigen. Eine Gabe, die hingegeben würde, ohne nach dem Zweck zu fragen, den der Sammler verfolgt, wäre, wie schon oben hervorgehoben, keine Spende im technischen Sinne.

Dagegen lassen sich wohl keine Grundsätze finden, die eine durchgehend verschiedene rechtliche Behandlung der Zw. S. U. einerseits, der P. S. U. andrerseits mit zwingender, in der Natur der Sache begründeter Notwendigkeit erheischen würden.

Aber auch wenn sich solche Grundsätze ermitteln ließen, wäre der Gewinn ein geringer. Denn es gibt Fälle genug, in denen die Zugehörigkeit des S. U. zu der einen oder anderen Kategorie schlechterdings nicht festgestellt werden kann. Es gibt z. B. Sammlungen, die zweifellos zugunsten von Menschen veranstaltet werden, also physische Destinatäre haben, aber den Kreis derselben so unbestimmt lassen, daß die Personen völlig hinter den Zweck zurückzutreten scheinen. (Man denke an Kollekten zugunsten der Überschwemmten eines Gebietes, oder der Weber Schlesiens oder der Deutschen in den baltischen Provinzen oder der russischen Juden.) Liegt hier ein P. S. U. oder ein Zw. S. U. vor? Andere Sammlungen beabsichtigen zwar die Ehrung einer bestimmten Person, aber in der Weise, daß irgend ein gemeinnütziger Erfolg zu dieser Person in Beziehung gebracht wird. Dankbare Studenten legen zusammen, um einem Universitätslehrer anläßlich seines siebzigsten Geburtstages ein Kapital zu geben, das er im Interesse seines Instituts verwenden soll. Oder es wird gesammelt zur Gründung eines Spitals, das der öffentlichen Armenpflege einer Gemeinde zur Last fallende, arme Personen aufnehmen soll. Oder dem Landesherrn wird anläßlich seiner silbernen Hochzeit ein Kapital zur Verfügung gestellt, um daraus mittellosen Offizieren Zuschüsse zu gewähren. Oder einem bekannten Aëronauten werden im Wege der öffentlichen Sammlung die Mittel zu Versuchen mit einem lenkbaren Luftschiff verschafft usw. Spielt in allen diesen Fällen die Person oder der Zweck die Hauptrolle: Die Ehrung des Universitätslehrers oder die Förderung seines Instituts, die Wohltätigkeit oder das Interesse der Stadt, die Erfreuung des Landesherrn oder die Unterstützung des Offizierkorps, die Bereicherung des Luftschiffers oder die Förderung des Problems der Lenkbarkeit?

Besonders zweifelhaft werden namentlich alle die Fälle sein, in denen Interessen verfolgt werden, die ihrer Natur nach in den Wirkungsbereich irgend eines öffentlichen Rechtssubjektes fallen; z. B. des Staats, einer Gemeinde, einer Wohltätigkeits- oder Unterrichtsanstalt. Hier liegt das S. U. ebensowohl im Interesse des zu verfolgenden öffentlichen Zwecks als auch im Interesse des Rechtssubjekts, dessen Aufgaben dadurch entlastet oder gefördert werden. Es ist aber nicht abzusehn, weshalb S. U. zum Vorteil juristischer Personen nicht ebenso gut zu den P. S. U. gerechnet werden müßten, wie solche zum Wohl natürlicher Rechtssubjekte. Man denke ferner an die Fälle, in denen die Sammlung der Ehrung eines Verstorbenen gewidmet ist.[1])

Nach allem wäre eine klare Abgrenzung beider Arten überaus schwierig, ja wohl überhaupt nicht möglich. Das beruht auf einem doppelten Grunde: Einmal stehn sich allgemeine und private Interessen keineswegs immer gegensätzlich oder auch nur fremd gegenüber, sondern sind häufig durcheinander bedingt und fallen sogar oft völlig zusammen. Hier läßt sich dann schlechterdings nicht sagen, daß bloß der öffentliche Zweck oder bloß das private Interesse den Zweck des S. U. bilden. Zweitens kommt vielfach schon die Ausführung des öffentlichen Zwecks indirekt bestimmten Einzelpersonen zugute, nämlich denjenigen, denen diese Ausführung gegen Entgelt übertragen wird. Auch hier läßt sich das überwiegende Interesse meist garnicht bestimmen. Man denke z. B. an eine Sammlung mit der Maßgabe, daß aus dem Ertrag durch einen bestimmt bezeichneten berühmten Bildhauer ein Monumentalbrunnen in einer gewissen Stadt errichtet werden soll. Man kann hier ebensowohl den objektiven Zweck in den Vordergrund stellen, nämlich Ver-

---

[1]) Etwa an das im § 8 d. Abhdlg. mitgeteilte Beispiel der Sammlung „zum Nationalen Dank an Wagner“ oder an die von Bolchini Nr. 48 erwähnte Sammlung behufs Errichtung eines monumentalen Grabmals am Laggo Maggiore für Felice Cavalotti“. Gewiß ist es hier eine Person, die im Vordergrund steht; aber ebenso sicher sind es nicht die persönlichen Interessen des vielleicht längst Verstorbenen, die eine Förderung erfahren sollen. Und man nehme endlich selbst die vermeintlich klarste Anwendung des P. S. U., nämlich desjenigen zugunsten eines bestimmten, mittellosen lebenden Dichters. Läßt sich hier als Zweck der Unternehmung nicht ebenso wohl die Ehrung der Dichtkunst als solcher oder auch nur die eines bestimmten Dichters bezw. die Befriedigung des Wohltätigkeitsdranges der Spender denken?

schönerung der Stadt, als auch einen persönlichen Zweck, wobei überdies noch zweifelhaft wäre, ob als Destinatär die Stadtgemeinde oder der Künstler oder beide gemeint wären.

IV. Eine vierte Einteilungsmöglichkeit der S. U. wäre die nach dem Sammelgegenstand, nämlich ob Geld oder andere Gegenstände gesammelt werden; ob dieser rein äußerlich vorgenommenen Scheidung der S. U. auch eine juristische Bedeutung zukommt, werden wir in einem späteren Abschnitt untersuchen.

C. Von anderen Einteilungsprinzipien, wie z. B. nach dem Umfang des S. U., nach Zahl und Organisation der Verwaltungspersonen, rechtfertigt auch keines eine wesentlich verschiedene Behandlung der S. U.

Dagegen wird eine praktisch wichtige Einteilung durch den § 1914 BGB. eingeführt. Derselbe stellt als Voraussetzung für die Einsetzung einer Pflegschaft die Forderung auf, daß die Sammlung eine öffentliche gewesen sein muß. Die Öffentlichkeit der Sammlung ist aber nur eine Voraussetzung für die Pflegschaft, nicht etwa eine wesentliche Eigenschaft des S. U. als solchem. Die Unterscheidung der S. U. in private und öffentliche hat daher, wenn auch keine begriffliche, so doch eine große praktische Bedeutung, eben mit Rücksicht auf § 1914 BGB. Worin der Unterschied besteht, und ob derselbe den Zweck oder ein anderes Moment als Ausgangspunkt nimmt, ist aber in anderem Zusammenhang darzulegen.

ZWEITER TEIL.

ALLGEMEINE GRUNDLAGEN.

§ 4.

ÜBERSICHT UND ALLGEMEINE BEMERKUNGEN.

Die bisher über die juristische Natur der Sammlung aufgestellten Theorien weisen insofern große Mängel auf, als sie das in Frage stehende Institut nur bruchstückweise behandeln und keine einheitliche Auffassung zeigen. Bald wird bloß von dem Spendungsgeschäft, bald bloß von dem Spendungsergebnis, dem S. V. ausgegangen; von keiner Seite wird aber versucht, beide Anschauungsweisen in organischen Zusammenhang zu bringen. Die Folge ist, daß eine kritische Darstellung gezwungen ist, beide Seiten gesondert zu betrachten. Dabei ist nicht zu vermeiden, daß derselbe Schriftsteller mehrfach angeführt wird, und daß Autoren, die bezüglich des Spendungsgeschäfts eine bestimmte Ansicht haben, als Träger besonderer Theorien über das S. V. im ganzen beim zweiten Teil wiederkehren.

Die Einteilung der folgenden Abhandlung soll nun die sein, daß zunächst ein kritischer Teil die verschiedenen Theorien behandelt, wobei wieder zwischen Spendungsgeschäft und Spendungsergebnis unterschieden wird. Das Spendungsgeschäft soll wieder nach seinen drei Formen (Gabe, Versprechen, Hinterlassung) gegliedert werden, und es sollen die auf die erste, wichtigste Form der Gabe bezüglichen Theorien, nach dem Gesichtspunkt behandelt werden, ob sie einseitige, unvollkommen zweiseitige oder gegenseitige Verträge annehmen. Zweckmäßigerweise wird man bei der kritischen Betrachtung der Theorien von dem Spendungsgeschäft ausgehn, und erst nach dessen juristischer Untersuchung zum Ergebnis der einzelnen Spendungsgeschäfte, dem S. V. übergehn. Hierbei wird der Ausdruck „Spende“ und „Spendungsgeschäft“ hauptsächlich zu dem Zweck verwendet, um einen Unterschied gegenüber dem „Beitrag“ des Gesellschafters oder Vereinsmitglieds hervortreten zu lassen. Derselbe wird also im allgemeinsten Sinne verwendet, in welchem er sowohl „Gabe“ schlechthin als auch Spendungsversprechen oder Zeichnung als auch schließlich Zuwendungen durch Verfügung von Todeswegen umfaßt.

ERSTER ABSCHNITT.

KRITIK DER THEORIEN.

I. THEORIEN ÜBER DAS SPENDUNGSGESCHÄFT.

1. Das Spendungsgeschäft als Realgeschäft (Gabe) unter Lebenden.

Von den drei angegebenen Formen ist die der Gabe bei weitem die häufigste und wichtigste. Wie schon erwähnt, hat die Kommission für die zweite Lesung des Entwurfs eines BGB. die günstige Gelegenheit, einer einheitlichen Rechtsauffassung den Weg zu ebnen, unbenutzt vorübergehn lassen. Trotz der Mannigfaltigkeit der S. U. und des Sammelzwecks wird man an einem einheitlichen Typus der Gabe festhalten müssen, im Gegensatz zu Planck,[1]) der die juristische Natur der Spende „unter Berücksichtigung der Umstände des einzelnen Falls nach den allgemeinen Grundsätzen über Schuldverhältnisse“ bestimmen will. Tatsächlich nehmen auch die meisten Schriftsteller[2]) einen

---

[1]) Planck, Komm. z. BGB. Bd. I S. 116; vgl. dagegen das Bd. IV S. 658 Gesagte.

[2]) So Crome, System des BGB. Bd. I S. 269. Hellwig, Anspruch und Klagrecht S. 297. Derselbe, Verträge auf Leistung an Dritte S. 239.

einheitlichen Typus für die Gabe an. Ein solcher folgt schon aus der gleichmäßigen juristischen Struktur des S. U., wie wir sie oben definiert haben; eine verschiedene juristische Behandlung der einzelnen Spendungsgeschäfte würde auch den jedesmaligen Charakter eines S. U. beeinflussen. Schließlich ist der rechtsgeschäftliche animus des Spenders überall der gleiche, einerlei, ob er die Gabe spendet, um eine Person oder ein Unternehmen dadurch zu unterstützen.

§ 5.

DAS SPENDUNGSGESCHÄFT EINE SCHENKUNG.

A. Der Gedanke, in dem Spendungsgeschäft eine reine Schenkung zu erblicken, liegt auf den ersten Blick sehr nahe.[1]) Scheidet doch, ohne daß der Spender ein Entgelt erhält, aus seinem Vermögen ein Gegenstand aus, der sehr oft, sei es in ursprünglicher oder veränderter Gestalt, in das Vermögen eines Dritten kommt, ohne daß dieser eine Gegenleistung erbringt.

I. Hier erhebt sich aber schon gleich das Bedenken, daß es manche Fälle gibt, in denen ein Dritter nicht bereichert wird, ja nicht bereichert werden kann, weil er gar nicht existiert. Denken wir z. B. an ein S. U. für eine Südpolarexpedition; wer sollte hier der Bereicherte sein? Etwa die Mitglieder der Expedition? Sicherlich nicht, denn nicht um ihretwillen wird die Expedition unternommen, sondern um eines bestimmten geographischen Interesses willen. Die Teilnehmer müssen vielfach, abgesehen von dem Aufwand an körperlicher und geistiger Kraft, um ihre eigenen Kosten zu decken, selber noch dem Unternehmen pekuniäre Zuschüsse widmen. Eine Bereicherung oder Ersparung von Kosten ist hier nicht zu finden. Noch weniger in dem Falle, daß Sammlungen zwecks Schmückung von Kriegergräbern stattfinden. Wer sollte hier der Bereicherte sein?

[1]) Vgl. Dalloz, Jurisprudence générale, Récueil périodique, 1903, VI. 2. 122.

Vgl. Neumann, Jahrb. d. deutschen Rechts III. S. 229. Oertmann, Komm. z. Recht d. Schuldverh. 2. Aufl. Anm. 7 zu § 518.

Etwa die Gefallenen, oder deren Angehörige, oder wer sonst? Nicht anders verhält es sich bei allen den zahlreichen S. U., deren Zweck die Ehrung verstorbener Personen ist. Überall fehlt es an einer Person, deren Bereicherung den Zweck des Geschäfts bilden würde, mithin an einem wesentlichen Begriffsmerkmal des Schenkungsgeschäfts.

II. Eher könnte man an ein solches bei den S. U. denken, die einen Wohltätigkeitserfolg und mithin die Bereicherung dritter bezwecken.[1]) Hier ist zunächst zu ermitteln, zwischen wem eine Schenkung anzunehmen wäre, ob eine solche der Geber an die Sammler oder der Geber an die Bedachten.[2])

1. Was zunächst das Verhältnis von Geber und Sammler betrifft, so kann hier deswegen von einer Schenkung nicht die Rede sein, weil eine solche weder dem subjektiven Willen beider Personen noch den objektiven Tatsachen entsprechen würde. Denn die Sammler erwerben die ihnen übergebenen Sachen nicht für sich zu eigen und werden durch sie nicht bereichert. Sie selbst widmen vielmehr ihre Zeit und Arbeitskraft dem S. U., um dadurch einen ihren materiellen Interessen fremden Zweck zu erreichen. Der § 516 BGB. verlangt aber, daß bei der Schenkung beide Teile darüber einig sind, daß durch die Zuwendung aus dem Vermögen des einen ein anderer unentgeltlich bereichert werde.

2. Endlich stößt auch die Annahme einer Schenkung des Gebers an den Bedachten[3]) auf erhebliche Bedenken. Zunächst vermag sie den rechtlichen Zwischenzustand zwischen Hingabe an den Sammler und Abführung an den Bedachten nicht hinreichend zu erklären. Hier bleibt in der Tat zweifelhaft, wer der Beschenkte sein soll. Vor allem ist nicht zu ersehn, worin die Annahme der angeblichen Schenkungsofferte des Spenders gefunden werden soll. Der Bedachte steht in keiner direkten Be-

[1]) Inwiefern von einer Schenkung des Sammlers an die Bedachten die Rede sein kann, ist in anderem Zusammenhang darzulegen (unten § 22 d. Abh.).

[2]) Siehe Dalloz, l. c.

[3]) Bekker, Pand. Bd. I S. 283.

ziehung zum Spender, gibt unmittelbar an ihn keine Willenserklärung ab (wie ja auch ihm gegenüber eine Offerte nicht geäußert wird). Soll nun vielleicht die Akzeptation für ihn durch den Sammler erklärt werden? Hierzu wäre eine Stellvertretung nach außen, eine Geschäftsführung nach innen nötig. Erstere scheitert jedoch an der Unbestimmtheit der angeblich Vertretenen und namentlich an dem Umstande, daß der Sammler die Gabe in eigenem, nicht in fremdem Namen entgegennimmt. Und letztere ist undenkbar, sowohl als eine beauftragte, da doch die Bedachten zur angeblichen Schenkungsannahme kein Mandat erteilt haben, in den zahlreichen Fällen ihrer Unkenntnis auch gar nicht erteilen konnten, wie auch als eine auftraglose, da die praktischen Folgerungen einer solchen (§§ 681 ff. BGB.) mit den tatsächlichen Verhältnissen nicht zu vereinigen wären.[1])

Nicht nur das Zustandekommen, sondern auch die Subjekte der (vermeintlichen) Schenkung bleiben im Unklaren, wenn ein größerer Personenkreis bedacht ist. Soll hier beschenkt sein die Gesamtheit der Bedachten? Aber eine solche besteht gar nicht. Oder der einzelne pro rata?[2] Das verstieße offenbar gegen die Natur der Sache wie gegen die Absicht der Beteiligten. Wie ferner, wenn der Sammler innerhalb des generell umgrenzten Personenkreises selbst erst die individuell zu bedenkenden Ein-

¹) Eine Schenkung wird, wenigstens für den Fall, daß der Bedachte schon im Zeitpunkt der Spende feststeht, in der Tat angenommen von Regelsberger Streifzüge S. 28 f., Pandekten § 87 S. 343; mit großer Entschiedenheit auch von Bolchini Nr. 110 f. Um den Vertragsschluß zwischen Spender und Destinatär plausibel zu machen, scheut sich der letztgenannte Schriftsteller nicht, den Sammler für den angegebenen Fall als unbeauftragten Geschäftsführer des Dritten anzusehn. Diese Annahme ist, wie leicht ersichtlich, völlig unhaltbar. Sie führt dazu, dem Dritten einen klagbaren Anspruch gegen den Sammler auf Ausantwortung der Gaben zu verleihen. Sie legt ihm andrerseits die Pflicht auf, dem Sammler die Aufwendungen zu vergüten (!). Sie verpflichtet den Sammler zu Anzeigen, Gehorsam, Rechnungslegung gegenüber dem Dritten (!), lauter Konsequenzen, die mit der wahren Sach- und Rechtslage in schroffstem Widerspruch stehen und mit der wünschenswerten Handlungsfreiheit des Sammlers unvereinbar wären.

²) Isay, a. a. O. S. 412 f.

zelpersonen herausfinden und bestimmen soll? Hier müßte man als Schenknehmer, Vertretenen und Auftraggeber eine Person ansehen, die erst durch den angeblichen Vertreter und Geschäftsführer selbst fixiert wird.

Nicht minder zweifelhaft bleibt bei Mehrheit der Bedachten das Objekt der Schenkung. Es läßt sich schlechterdings nicht ermitteln, welchen Teil des S. V. der einzelne Spender dem einzelnen Bedachten schenkt, um so weniger, je größer der eine und andere Kreis von Beteiligten erscheint. Jeder Versuch einer näheren Bestimmung führt zu den wunderlichsten Rechenexempeln.[1])

III. Einige weitere Gründe lassen sich gemeinsam gegen die abgelehnten Schenkungsarten anführen. Zunächst sei erinnert an das Recht des Schenkers, den Vollzug der Schenkung wegen Verarmung zu verweigern oder aus demselben Grunde das Zugewandte zurückzufordern, ferner an seine Befugnis, den Vertrag wegen Undanks des Beschenkten zu widerrufen. Man denke ferner an die Ansprüche der durch die Schenkung in ihrem Erbteil geschmälerten Pflichtteilsberechtigten. Zwar würde sich die Anwendung dieser Vorschriften selbst bei Annahme einer Schenkung vielfach vermeiden lassen, da man in der Regel eine Pflicht- oder Anstandsschenkung vor sich haben wird. Allein, das ist nicht notwendig der Fall, und hier führt dann die Durchführung der Schenkungsgrundsätze zu unhaltbaren Folgerungen.

Endlich dürfte zu bezweifeln sein, ob die auf die Schenkung bezüglichen Grundsätze über die Mängelgewähr in unserem Fall überhaupt entsprechende Anwendung vertragen. Inwieweit

---

[1]) Isay, a. a. O. ebenso Kiepert, Kleemann. — Man denke sich nur bei der Sammlung zur Überreichung einer goldenen Medaille an Ferri, wobei 14000 Personen je einen centesimo spendeten (Bolchini Nr. 2) anstatt der einen Person viele als Empfänger.

Schließlich sei noch betont, daß die Spende als Gabe mit der Spendenzeichnung Wesensähnlichkeit besitzen muß, daß aber die letztere sicherlich nicht als Schenkungsversprechen anzusehn ist, wie schon aus der Form der „Zeichnung" hervorgeht (keine gerichtliche oder notarielle Beurkundung).

dies zutrifft, soll indessen in anderem Zusammenhang dargelegt werden.

B. Einen Ausweg aus diesen Schwierigkeiten scheint die „Schenkung unter Auflage" zu bieten. Tatsächlich ist sie auch in unserem Falle gefunden worden;[1]) aber auch sie muß verworfen werden.[2]) Vor allem verträgt sich ihr Begriff nicht mit unserem Institut.[3]) Die Schenkung bezweckt in der Hauptsache eine Zuwendung an den Bedachten, nebenher noch die Verwirklichung der Auflage.[4]) Diese letztere bildet ein selbständiges Rechtsgeschäft neben der Schenkung. Dies ist aber bei dem Sammelgeschäft nicht der Fall.[5]) Ist die Auflage unsittlich oder rechtswidrig oder wird die Erfüllung objektiv unmöglich, so bleibt doch die Schenkung in ihrem Bestand unberührt. Nur wenn der Beschenkte die Nichterfüllung zu vertreten hat, findet eine Rückforderung statt.[6]) Dies alles trifft bei dem Spendungsgeschäft nicht zu. Denn hier ist Hauptzweck Zuführung des S. V. an die Bedachten oder Verwirklichung des Sammelzwecks. Die Übergabe an die Sammler bildet nur das Mittel zum Zweck. Wird ferner die Erreichung des letzteren objektiv unmöglich, so sind die Sammler noch keineswegs befreit. Sie dürfen einerseits die erhaltenen Gaben nicht für sich behalten, wie dies doch bei der Schenkung möglich wäre, andrerseits wäre auch eine Rückgabe an die Spender in vielen Fällen kaum möglich.[7]) Endlich sprechen gegen die bekämpfte Auffassung auch die meisten Gründe, die sich gegen die Annahme einer reinen Schenkung verwerten lassen.

---

[1]) Vgl. Riedel, das BGB. im Vergleich mit dem preußischen Recht. S. 187.

Vgl. auch Dalloz, l. c. sub „donation avec charge".

[2]) Isay, a. a. O. S. 422. — Puchta, a. a. O. S. 474.

[3]) Vgl. Planck, Komm. Bd. II S. 289 Anm. z. § 525.

[4]) Dernburg, Pand. Bd. I § 115; Hellwig, Verträge auf L. a. Dr. Anm. 455; Kleemann, S. 46.

[5]) Kiepert, S. 15.

[6]) Endemann, Lehrb. d. BGB. Bd. I § 164 Nr. 19. — Planck, Komm. Bd. II § 527 Anm. — Dernburg, Lehrb. d. BGB. Bd. II S. 135 f. —

[7]) Kiepert, S. 15.

Nun mag allerdings zugegeben werden, daß ein geringer Teil des S. V. zur Bestreitung der Verwaltungskosten, in den seltensten Fällen auch zur Auszahlung eines Honorars an die Sammler ausscheidet.[1]) Im wesentlichen aber haben die Sammler alles, was sie erhalten, für den programmäßigen Zweck zu verwenden. Daraus geht hervor, daß sie nicht die mit einer Auflage Beschenkten sein sollen, denn ihr Vermögen müßte wenigstens vorübergehend durch die Liberalität der Spender bereichert werden.[2]) Daß dies in der Tat zutreffe, wird freilich vereinzelt angenommen,[3]) weil der Sammler doch in der Zwischenzeit den Genuß der Gabe habe. Allein dies widerspricht den Tatsachen; bei Naturalgaben ist es ausgeschlossen, daß der Sammler sie in seinem Interesse verwendet, und bei Geld wird er niemals die Zinsen des S. V. für sich ziehen dürfen.[4]) Sollten die Sammler das gesammelte Geld in der Zwischenzeit in ihrem Interesse, z. B. zu Spekulationen, verwenden, so würde dies einmal das Vertrauen der Spender aufs schwerste erschüttern, dann aber auch strafrechtliche Verfolgung wegen Unterschlagung (§ 246 StrGB.) nach sich ziehen.[5]) Man wählt deshalb auch meistens zur besseren Sicherung des S. V. das Bankdepot.

Weiterhin ist durch § 526 BGB. bestimmt, daß der Beschenkte die Vollziehung der Auflage verweigern kann, wenn das Geschenk infolge eines rechtlichen oder sachlichen Mangels nicht hinreichend erscheint, und daß er etwaige in Unkenntnis der Unzulänglichkeit bewirkte Mehraufwendungen von dem Schenkgeber zurückverlangen kann, — zwei Rechtssätze, die offenkundig eine Anwendung auf das Spendungsgeschäft nicht vertragen.

Schließlich würde bei einer Schenkung unter Auflage für die endgültigen Empfänger der Gaben, die Bedachten nach §§ 527,

---

[1]) Kleemann, S. 47.

[2]) Cosack, Lehrb. d. BGB. I S. 488.

[3]) Isay, a. a. O. S. 422.

[4]) Puchta, a. a. O. S. 475.

[5]) Dies allerdings nur unter der unten verteidigten Voraussetzung, daß den Sammlern nicht das Eigentum am S.V. zusteht.

330 S. 2, 335 BGB. wenigstens im Zweifel[1]) ein Rechtsanspruch auf die Gabe geschaffen werden, der ihnen aber, wie in anderem Zusammenhange noch darzutun sein wird, tatsächlich nicht zusteht.[2])

C. Nach dem Gesagten ist das Spendungsgeschäft keine Schenkung im juristisch-technischen Sinne. Wohl aber stellt sie, — und dies mag den Vertretern der abgelehnten Theorie wohl vorgeschwebt haben, — einen Akt der Freigebigkeit dar.[3]) Dieses Begriffsmerkmal und seine praktischen Konsequenzen sollen indessen an anderer Stelle zur Erörterung gelangen.

§ 6.

DAS SPENDUNGSGESCHÄFT EIN VERWAHRUNGSVERTRAG.

I. Die Aufgabe der Sammler, die einzelnen Spenden zu einem Vermögen in ihrer Hand zu vereinigen und bis zur Verwirklichung des Sammelzwecks sicher aufzubewahren, könnte dazu führen, das einzelne Spendungsgeschäft als Verwahrungsvertrag des Spenders mit den Sammlern anzusehn. In der Tat ist auch durch das Spendungsgeschäft eine Verwahrungspflicht begründet, deren Verletzung für die Spender eine Schadensersatzforderung begründet.[4]) Die Verpflichtung eines Verwahrers geht jedoch auch dahin, auf jederzeitiges Verlangen die Sachen zurückzugeben (BGB. § 695). Von einer Rückforderung der Gaben seitens der Spender ist bei dem S. U. aber in der Regel wohl keine Rede. Die Spender wollen die Gaben nicht wieder zurückerhalten, weil sie hierdurch ja gerade den von ihnen gewollten Sammelzweck vereitelten.

Ebensowenig wie die Spender sind die dereinstigen Emp-

---

[1]) Vgl. Planck, Komm. Bd. II S. 289. — Cosack, Lehrb. d. BGB. Bd. I S. 488/9. — Krückmann, im Arch. f. bürg. Recht Bd. 8 S. 114. — Brinz, Pand. Bd. II 2 S. 1536 (a.º utilis). — Windscheid, Pand. Bd. I § 368 Anm. 17.

[2]) Kleemann, S. 45 Anm. 2.

[3]) So auch Dalloz, l. c. La souscription est une libéralité.

[4]) Vgl. Kiepert, S. 57.

fänger als aus dem Verwahrungsvertrag rückforderungsberechtigt anzusehn; denn sie stehn einmal mit den Spendern in gar keiner rechtlichen Beziehung; sie haben ferner, wie anderwärts dargelegt, ein Forderungsrecht gegen die Sammler überhaupt nicht, und schließlich sind in vielen Fällen auch gar keine dritten Bedachten vorhanden.

Überdies gelten für die Verwahrung manche Grundsätze, die sich auf unseren Fall nicht oder nicht ohne weiteres übertragen lassen, so z. B. über die schwächere Haftung des Verwahrers (BGB. § 690), über den Ersatz der Verwendungen (BGB. § 693) und über die Haftung für den durch die Hinterlegungssache verursachten Schaden (§ 696 BGB.).[1])

Die dargelegten Gründe sprechen nicht minder gegen die Annahme eines uneigentlichen Verwahrungsvertrages. Einer solchen steht aber noch der weitere Umstand entgegen, daß die Spender im Zweifel das Eigentum an ihren Gaben nicht verlieren, und daß der Sammler über dieselben nicht wie ein Darlehnsnehmer im eigenen Interesse verfügen darf. Die Verwahrungstheorie hat denn auch für das S. U. keinen Anklang gefunden.[2])

II. Die Mängel, mit denen die Verwahrungstheorie verbunden ist, ließen sich zum Teil bei einer Unterart der Verwahrung, der Sequestration,[3]) beheben.

Hier wird eine Sache von Mehreren einem Dritten zur Aufbewahrung übergeben, um ihrer aller Verfügung entzogen und nur bei Eintritt einer bestimmten Bedingung an eine Person, nicht notwendig an einen der Deponenten herausgegeben zu werden. Die Sequestration beruht meist auf richterlicher Anordnung, sie kann auch freiwillig durch die Beteiligten vorgenommen werden. Häufig erhält der Sequester auch Verwaltungsbefugnisse, dann gilt er in dieser Hinsicht als Mandatar.[4]) Es braucht

---

[1]) Gegen die Verwahrungstheorie auch das schon mehrfach erwähnte Urteil des O. L. G. Karlsruhe.

[2]) Nur Bolchini vertritt sie Nr. 94 ff. für das Zw. S. U., freilich in unklarer Vermengung mit der Auftragstheorie.

[3]) Baum, Das schwebende Eigentum S. 29.

[4]) Vgl. Dernburg, Pand. Bd. II S. 254 (§ 93). — Windscheid, Pand. Bd. I § 379.

auch nicht bloß eine Sache zur Sequestration gegeben zu werden. Jede der beteiligten Personen kann eine Sache hinterlegen.

Aber während der Sequester nur die Aufgabe hat, das ihm übergebene Vermögen zu verwahren und in ganz bestimmten Fällen unversehrt zurückzugeben, hat der Sammler, auch ohne daß ihm noch ein besonderer Auftrag erteilt würde, das S. V. zu verwalten und im Rahmen des Sammelzwecks zu verwenden. Ferner steht dem Sequester eine selbständige Entscheidung über die Herausgabe der hinterlegten Gegenstände nicht zu; dieselbe knüpft sich vielmehr an den Eintritt eines bestimmten Ereignisses oder an eine Anordnung des Gerichts. Im Gegensatz hierzu entscheidet der Sammler, lediglich durch den Sammelzweck bestimmt und durch denselben in seinem Handeln beschränkt, was mit dem S. V. geschehn soll.

Weiterhin nehmen bei der Sequestration die Hinterleger zu einander eine ganz andere Stellung ein als die Geber bei dem S. U. Die Interessen der ersteren stehn einander gegenüber; bei dem S. U. verfolgen die Geber dagegen bewußt gleiche ideale Interessen.

Endlich ist durch die Annahme einer Sequestration aus dem Grunde wenig gewonnen, weil die auf dieses Institut bezüglichen Rechtssätze nirgends im Gesetz aufgestellt sind, sondern (ebensowohl wie die des Spendungsgeschäfts) aus der Natur der Sache und dem Bedürfnis des Lebens ihrerseits erst abgeleitet werden müssen. Ist dies aber der Fall, so brauchen wir zur Erklärung des S. U. nicht auf die Sequestration zurückzugreifen.

§ 7.

DAS SPENDUNGSGESCHÄFT EIN AUFTRAG.

Denkbar wäre es auch, in dem Spendungsgeschäft einen Auftrag zu erblicken, eine Ansicht, die denn auch von namhaften Gelehrten [1]) vertreten worden ist.

---

[1]) Puchta, a. a. O. S. 476. — Jhering, Gutachten betr. die Gäubahn, S. 23 u. 104 f. — Bekker, Pand. Bd. II S. 283 f. — Bolchini

I. Aber schon der ganze Hergang bei dem Spendungsgeschäft entspricht nicht dem Auftragsverhältnis. Dem einzelnen Sammler oder dem Komitee werden nicht zuerst die Aufträge und dann die Mittel zu ihrer Durchführung gegeben, vielmehr verhält es sich tatsächlich umgekehrt. Zu dem nehmen die Sammler eine viel selbständigere Stellung als die Beauftragten ein. Während diese das ihnen übertragene Geschäft genau nach den Anweisungen der Auftraggeber ausführen und selbst bei notwendigen Abweichungen vorher die Genehmigung der Auftraggeber einholen müssen (BGB. § 665), sind bei dem S. U. die Sammler tatsächlich alleinige Herren des Geschäfts. Mag man ihnen auch eine Pflicht zur Rechenschaftsablegung aufbürden, so sind sie doch sicherlich nicht gehalten, den Spendern erforderlichenfalls Nachricht zu geben, auf Verlangen über den Stand der Sache Auskunft zu erteilen (§ 666 BGB.); sie können auch ohne besonderen Grund von den Weisungen der Spender abweichen (§ 665 BGB), ja sie sind an solche Anweisungen überhaupt nicht gebunden. Sie haben ferner gegen die Spender keinen Anspruch auf Vorschuß und auf Ersatz von Verwendungen (§§ 669, 670 BGB.) usw.

Mit der Vollziehung des Spendungsaktes treten die Spender vollständig in den Hintergrund, und die Sammler vollführen alle Verwaltungshandlungen für Rechnung des S. V. So sieht sich denn auch der Begründer der Mandatstheorie [1]) genötigt, grundlegende Abweichungen vom gewöhnlichen Mandat anzuerkennen: der verbleibende Überschuß sei (weil es sich um ein mandatum aliena gratia handle) den Spendern herauszugeben; dem „Mandatar" sei das Eigentum übertragen, und endlich sei der „Auftrag" unwiderruflich.

Was bleibt bei allen diesen Modifikationen von einem

Nr. 94 f. — Kiepert, S. 18. — Vgl. auch Dalloz, l. c. ferner Jahrg. 1884, Cours d'appel S. 45. „Le comité n'a pas agi en propre, mais uniquement comme . . . . . mandataire des souscripteurs". Siehe auch Jahrg. 1885, Cour de cassation, S. 411. „les souscripteurs ses mandants . . . . ." Ferner: Troplong, du mandat Nr. 612.

[1]) Gegen die Mandatstheorie auch das O. L. G. Karlsruhe.

Mandat noch übrig? Und wie verträgt sich die ganze Theorie namentlich mit der dem Mandat eigentümlichen und begriffsnotwendigen Widerruflichkeit?[1])

Allerdings soll nicht verkannt werden, daß die Zwecke des S. U., namentlich bei kleinen Verhältnissen, sehr wohl in Form des Auftrags erreicht werden können. So, wenn ein Einzelner dem Anderen eine Summe mit der Maßgabe aushändigt, sie nach billigem Ermessen zu bestimmtem Zweck zu verwenden. Gleiches wird auch gelten müssen, wenn Mehrere von einander unabhängig in dieser Weise Geldmittel bereit stellen, die vielleicht zufällig in derselben Hand zusammenfließen. Auf solche Fälle werden unbedenklich Mandatsgrundsätze anzuwenden sein. Es bedarf aber keiner näheren Ausführung, daß sich dieselben von dem S. U. im technischen Sinn in den wesentlichsten Beziehungen von Grund aus unterscheiden.

II. Auch die Möglichkeit statt „Auftrag" die „Geschäftsbesorgung" (BGB. § 675) zu wählen, bietet keinen Ausweg, weil die Grundsätze vom Dienstvertrag Anwendung auf diesen finden, und dieser ja entgeltlich, die Tätigkeit des Sammlers aber, was allgemein anerkannt wird, unentgeltlich ist. Zudem ist der Begriff der Geschäftsbesorgung nach den einzelnen Definitionen[2]) zu urteilen, ein sehr unsicherer.

---

[1]) Für das gemeine Recht, vgl. v. Buchka, Vergleich. Darstellung des BGB. und des gem. Rechts § 19 VII Anm. 5. — Motive zum BGB. II S. 544 f. — I. Entwurf § 597 II enthält den Satz: „Auf die Widerruflichkeit des Mandats kann nicht verzichtet werden. Dies wurde von der II. Kommission als selbstverständlich gestrichen.

Für das BGB. vergleiche Planck, Komm. Bd. II § 671 Anm. 2 Abs. III. — Dernburg, Lehrb. d. BGB. Bd. II § 298 Ziff. 1. — Oertmann, Komm. z. Recht der Schuldverh. § 671 Anm. 1a. — Der vertragsmäßige Verzicht auf den Widerruf eines Auftrags wäre n. § 138 I BGB. nichtig.

[2]) Vgl. Oertmann, „Geschäftsbesorgung ist derjenige Dienst, welcher für den Dienstberechtigten von wirtschaftlicher Bedeutung ist. — Staudinger, Komm. z. BGB. „G. ist die Erledigung jeder Angelegenheit, die der wirtschaftlichen Interessensphäre eines anderen angehört". — Planck: G. ist eine solche Tätigkeit, die innerhalb des Rechtsbereichs des Geschäftsherrn vorzunehmen ist". — Matthias, Lehrb. d. BGB. I § 125:

In diesem Zusammenhang soll die schon oben erwähnte Stellvertretung mit Rücksicht auf das S. U. kurz berücksichtigt werden. Als abstrakte, rein juristische Form macht sie sich praktisch erst bemerkbar durch Verbindung mit einem Auftrag oder einer Geschäftsbesorgung. Als Stellvertreter könnte man sich den Sammler oder auch das Komitee wohl vorstellen: Die Sammler geben den Sammelzweck kund und ersuchen ihre Mitmenschen oder einen engeren Personenkreis Beiträge zu spenden; zugleich damit erbieten sie sich, die Gabe an eine bestimmte Adresse zu befördern oder einen bestimmten Zweck damit zu verfolgen. Dadurch, daß der Spender eine Gabe übergiebt, bringt er den Willen, den Sammler bei der dem Bedachten gegenüber vorzunehmenden Handlung zu seinem Vertreter zu machen, zum Ausdruck.

Diese Betrachtungsweise würde gewisse Schwierigkeiten aus dem Weg räumen, insofern, als die Spenden bis zur Übergabe an den Bedachten oder bis zur Erreichung des Sammelzwecks im Eigentum der Spender verblieben, was z. B. für die Frage des Konkurses des Sammlers von großer Wichtigkeit wäre. Als sehr brauchbar würde sich ferner der Umstand erweisen, daß bei der Stellvertretung nach dem Zweck des Rechtsgeschäfts der Widerruf der Vollmacht ausgeschlossen sein kann. Allein diesen Vorteilen ständen große Nachteile insofern gegenüber, als die Vertretenen in der Regel sehr unbestimmt sind, und im

„G. ist nur eine solche Tätigkeit, die die rechtlichen Verhältnisse eines anderen Teils berührt, also nur eigentliche Rechtsgeschäfte und Rechtshandlungen. — Staub, H. Komm. z. HGB. § 362 Anm. 2—4 wie Matthias. Cosack, Lehrb. d. BGB. I § 143: „G. ist neben dem Abschluß von Rechtsgeschäften nur eine solche Tätigkeit, die rechtlich das Vermögen des Dienstempfängers berührt". — Riezler, Werkvertrag, S. 76 f.: „G. ist neben der rechtsgeschäftlichen Tätigkeit diejenige tatsächliche Tätigkeit, an der der Auftraggeber ein unmittelbares Vermögensinteresse hat, weiter auch diejenige Tätigkeit, die vom Beauftragten in Ausübung eines auf Vornahme von Handlungen solcher Art gerichteten Berufs vorgenommen werden". Lenel, in Jherings Jahrb. Bd. 44 S. 31: „G. ist die auf ein bestimmtes Ziel gerichtete Tätigkeit". — Dernburg, Lehrb. d. BGB. II § 293: „G. sind diejenigen Geschäfte, welche man gemeinrechtlich dem Mandat unterstellte". — Vgl. auch Hellmann, Krit. Vierteljahrsschrift Bd. 41 S. 222. — Hellwig, Verträge auf L. a. Dr. S. 517 Anm. 42.

Falle eines sogen. Zweck-S. U. ein Dritter oft ganz fehlt. Bei der Farblosigkeit der abstrakten Vollmacht tritt dieselbe praktisch überdies nur in Erscheinung in Verbindung mit dem schon besprochenen „Auftrag" oder der „Geschäftsbesorgung".[1]) Es kommt ferner hinzu, daß die Sammler wie bei Darlegung der eigenen Ansicht zu zeigen sein wird, nicht als Vertreter der Spender, sondern eigenen Namens handeln, weshalb die Wirkungen der von ihnen vorgenommenen Rechtsgeschäfte nicht in der Person der Spender eintreten.

Die Annahme eines Stellvertretungsverhältnisses bei dem Spendungsgeschäft erweist sich demnach als verfehlt.

§ 8.

DAS SPENDUNGSGESCHÄFT EIN VERTRAG AUF LEISTUNG AN DRITTE.

Bei dem Vertrag auf Leistung an Dritte treffen wir die Erscheinung, daß ein Kontrahent dem anderen (dem sogen. Versprechensempfänger) gegenüber sich verpflichtet, die Leistung an einen Dritten (den Destinatär) zu bewirken. Dieser Fall hat augenscheinlich eine gewisse äußerliche Ähnlichkeit mit unserer Rechtsfigur, bei welcher der Sammler dem Spender verspricht, dem Bedachten die empfangene Gabe zuzuführen. Und so ist es nicht zu verwundern, daß die eben bezeichnete Vertragsart in unserem Falle gefunden worden ist. Das ist wiederum in verschiedenem Umfang geschehn.

I. Von einer Seite[2]) ist die Annahme eines V. z. G. Dr. auf

---

[1]) Auch Dalloz, Jurispr. gén. 1884, Cour d'appel (23 mars 1881) sagt: „Le comité n'a pas agi en propre mais uniquement comme negotiorum gestor . . . des souscripteurs".

[2]) Hellwig, Verträge auf Leistung an Dritte S. 239. Ihm schließt sich für das deutsche Recht Bolchini Nr. 107 an, während er für das geltende italienische Recht Nr. 108 die Theorie ablehnt. — Auch das O. L. G. Karlsruhe l. c. tritt dieser Ansicht bei: „Das Wesen des Spendungsvertrags als eines Vertrags zugunsten Dritter liegt darin, daß die Sammler sich verpflichten, die aus dem Vertrage gewährte Leistung an den Dritten zu bewirken und für das Unternehmen zu verwenden".

den Fall beschränkt worden, daß die Spende zugunsten eines bestimmten Dritten erfolgt, z. B. ein Pfarrer bittet um Gaben für einen armen Abgebrannten. Und zwar soll der Dritte in diesem Fall des sogen. privaten P. S. U. berechtigt sein, die Leistung zu verlangen.

Wollte man selbst in dieser Beschränkung die Theorie sich zu eigen machen, so wäre damit doch nur für die seltenen Fälle geholfen, in denen Destinatäre überhaupt zu ermitteln sind. Unerklärt dagegen blieben alle die Spendungsgeschäfte, bei welchen es zur Erreichung des Sammelzwecks noch besonderer Maßnahmen bedarf, oder kurz ausgedrückt, die sogen. Zweck-S. U. Man wird leicht einsehn, daß die letzteren Fälle die bei weitem wichtigeren und häufigeren sind.[1])

Aber auch in ihrer Richtung auf private S. U. begegnet die geschilderte Auffassung folgenden Bedenken.

1. Zunächst ist die Person des Dritten auch bei privaten P. S. U. oft viel zu unbestimmt, um die Grundlage für einen Vertrag z. G. Dr. abzugeben. Denn ein solcher setzt voraus, daß der Dritte entweder gleich bei Vertragsabschluß oder doch durch ein späteres Ereignis so genau bestimmt wird, daß ein Zweifel nicht möglich ist. Man denke sich hierzu im Gegensatze ein im engsten Freundeskreise veranstaltetes S. U., dessen Zweck es ist, den notleidenden Webern einer schlesischen Ortschaft eine Unterstützung angedeihen zu lassen. Wer wird hier der Dritte sein? Der Begriff „notleidende Weber" ist jedenfalls viel zu unbestimmt; für alle notleidenden Weber, selbst einer bestimmten Gegend, wird das S. V. naturgemäß nicht ausreichen. Unbestimmt ist ja auch, wie weit die Not gemindert werden soll, ebenso unbestimmt, wie die Gaben auf die einzelnen Weber zu verteilen sind.

2. Der § 328 BGB. läßt, was das Forderungsrecht des Dritten anbetrifft, den Vereinbarungen der Parteien freie Hand. Danach wird der Dritte namentlich dann ein selbständiges Klagrecht haben müssen, wenn die Leistung an ihn bloß in seinem

[1]) Für diese S. U. sollen, wie noch näher darzulegen, die Grundsätze der Gesellschaft oder des nicht rechtsfähigen Vereins gelten.

Interesse festgesetzt ist.[1]) Dies ist aber bei dem privaten P.S.U. ganz entschieden der Fall, und so wird denn auch von den Vertretern der bekämpften Anschauung in der Tat durchaus folgerichtig dem bedachten Dritten ein unbedingtes, selbständiges Forderungsrecht auf das S.V. eingeräumt. Das entspricht aber sicherlich nicht der Verkehrsauffassung und wird auch in der Literatur nur ganz vereinzelt vertreten. Die Destinatäre des S.U. stehn, wie von anderer Seite[2]) durchaus zutreffend eingewendet worden ist, allgemeiner Auffassung entsprechend zu den gesammelten Gaben solange in keinerlei Verhältnis, bis dieselben durch effektive Austeilung in ihr Eigentum übergeführt sind.

Führt aber die Annahme eines V. z. G. Dr. in konsequenter Durchdenkung zu unhaltbaren Folgerungen, so muß schon der Ausgangspunkt als unrichtig bezeichnet werden. Selbst wenn man dem Dritten oder Empfänger ein Forderungsrecht einräumen wollte, wäre dasselbe in seinem Umfange höchst zweifelhaft und unsicher. Denn einmal wüßte der Dritte in den meisten Fällen gar nicht, was er zu fordern hätte, man müßte denn unter Zuhülfenahme einer weiteren unhaltbaren Anschauung ihm ein Recht auf Rechnungslegung durch die Sammler einräumen. Ferner wäre, falls das S. U. zugunsten Einiger oder Vieler veranstaltet werden sollte, ungewiß, ob jeder Einzelne oder nur Alle zusammen fordern dürfen, nicht minder, welche Quote jeder Einzelne beanspruchen könne. In Wirklichkeit muß dagegen den Sammlern ein gewisser Spielraum gelassen werden, die Gaben nach ihrem subjektiven Ermessen unter die Bedachten verteilen zu können.

Wollte man gar den Bedachten ein Forderungsrecht nicht nur auf das S. V. überhaupt verleihen, sondern einen sofortigen Anspruch auf die einzelnen Leistungen der Spender,[3]) so würde man hierdurch, wie leicht einzusehn, den Zweck vieler S. U. in hohem Grade gefährden, vielfach sogar völlig illusorisch machen.

II. Die bisherigen Ausführungen bezogen sich auf die

---

[1]) Dernburg, Lehrb. d. BGB. Bd. II Abt. I S. 234.

[2]) Krückmann, a. a. O.

[3]) So in der Tat Kiepert, a. a. S. 40.

immerhin diskutable Annahme eines V. z. G. Dr. bei den privaten P.S.U. Sie gelten in erhöhtem Maße für die Theorie, die einen solchen Vertrag bei allen S.U. ohne Unterschied gegeben findet.[1])

1. Diese Auffassung geht von der Behauptung aus, daß bei jedem S.U. ein Bedachter oder Dritter vorhanden sei. Ihr Vertreter erkennt nicht, daß der Dritte bei dem privaten P.S.U. wie bei dem P.S.U. überhaupt eine andere Stellung einnimmt wie eventuell bei einem Zweck-S.U. Denn im ersteren Falle wird um des Bedachten willen das Sammelwerk begonnen, er ist der Mittelpunkt des ganzen Unternehmens und von diesem untrennbar. Bei dem Zweck-S.U. dagegen ist der als „Dritter" zu bezeichnende Empfänger nur der Endpunkt auf dem Wege, den die Spende von der Hand des Spenders aus zurücklegt.

Im Grunde genommen ist aber doch diese verschiedenartige Stellung des Dritten nur eine durch die Verschiedenheit des Zwecks bedingte Konsequenz, die Verschiedenheit des Zwecks aber, wie wir schon oben hervorgehoben, für die juristische Natur des S.U. ohne Bedeutung.

2. Vor allem muß ferner der Ansicht entgegengetreten werden, daß bei jedem S.U. ein „Dritter" vorhanden sei. Denn es gibt vielfach bei S.U. gar keinen Empfänger, man denke nur an die schon zitierten Beispiele des S.U. zur Schmückung von Kriegergräbern oder behufs Ausrüstung einer Südpolexpedition. Ohne bestimmten Dritten läßt sich aber ein V. z. G. Dr. gar nicht denken.

3. Der Vertreter der abgelehnten Theorie geht offenbar von der falschen Vorstellung[2]) aus, als ob bei vielen S.U. neben dem eigentlichen Dritten noch ein Destinatär anzunehmen wäre. So kommt er zu der merkwürdigen Folgerung, daß bei einem

---

[1]) Kiepert, a. a. O.

[2]) So Krückmann, a. a. O., der z. B. bei dem S.U. behufs Schenkung des Gutes Schönhausen an den Fürsten Bismarck den Destinatär in dem früheren Eigentümer des Gutes und jetzigen Empfänger des Kaufpreises d. h. des S.V. erblickt: gewiß eine wenig einleuchtende Auffassung! Gegen sie mit Recht Bolchini Nr. 47.

S. U. behufs Errichtung eines Denkmals für einen Dichter die Stadt als Dritte des S. U., d. h. des V. z. G. Dr., anzusehn sei, da sie ja auch Eigentümerin des auf ihrem Gebiet stehenden Werkes werde; als ob nicht die Übergabe des Denkmals an die Stadt lediglich Mittel zum Zweck, nämlich zur Ehrung des Dichters wäre!

Überhaupt wird man bei manchen S. U. im Zweifel sein, wer der Dritte im Sinne eines V. z. G. Dr. sein soll, um dessenwillen das S. U. in Gang gesetzt worden ist.[1])

4. Endlich bewegt sich die abgelehnte Theorie mehrfach in Widersprüchen, so namentlich, wenn sie ausführt, daß, während der Sammler bei Bewirkung der Leistung in eigenem Namen handelt, er bei der Mitteilung, welchem Zweck die Zuwendung an den Empfänger in seinem Verhältnis zum Spender dienen soll, Stellvertreter des Spenders sein soll. Er soll bevollmächtigt sein, nicht nur den Antrag über das zwischen Spender und Empfänger herzustellende Rechtsverhältnis zu übermitteln, sondern auch die Erklärung des Dritten über Annahme und Ablehnung namens des Gläubigers entgegenzunehmen.[2]) Wie ist das möglich? Wenn der Sammler bei Bewirkung der Leistung in eigenem Namen handelt, so muß doch die Spende ihm vom Spender schon übergeben, mithin der V. z. G. Dr. zwischen Spender und Sammler bereits abgeschlossen sein. Wie kommt es dann, daß der Sammler noch als Vermittler eines zwischen dem Spender und dem Empfänger herzustellenden Rechtsverhältnisses zu wirken hat? Die rechtliche Beziehung zwischen diesen beiden Personen muß doch schon durch den V. z. G. des Dritten, nämlich des Empfängers, der durch ihn ein Forderungsrecht[3]) er-

---

[1]) Als Beispiel diene folgendes: Im Winter 1905 wurde ein S. U. begründet unter dem Namen „Nationaler Dank an Richard Wagner"; dasselbe bezweckte in erster Linie Ehrung des Komponisten, indem es sich zur Aufgabe stellte, durch Zahlung von Stipendien unbemittelten Kunstbeflissenen der Musik den Besuch der Bayreuther Bühnenfestspiele zu ermöglichen. Ohne Zweifel könnte man hier auch in der Förderung der musikalischen Ausbildung junger Künstler den Zweck des gen. S. U. sehn. Siehe „Straßburger Post" vom 15. Nov. 1904.

[2]) Kiepert, S. 36. — Hellwig, Verträge, S. 131.

[3]) So Kiepert, a. a. O.

langt hat, hergestellt worden sein. Aber diese ganze Vorstellung, als ob zwischen Empfänger und Spender ein Rechtsverhältnis schon existiere, entspricht überhaupt nicht den Tatsachen, geschweige denn, daß ein V. z. G. Dr. als Grundlage einer solchen rechtlichen Beziehung angesehn werden könnte.

III. Gegen die bisher besprochene Theorie, und zwar sowohl in ihrer engeren als auch in ihrer weiteren Ausgestaltung, spricht noch folgender Gesichtspunkt: Die Kategorie des V. z. G. Dr. ist eine viel zu allgemeine, als daß sie zur Erklärung unseres besonderen Instituts ausreichen könnte. Sie gibt uns gewissermaßen nur ein genus, wo wir eine species suchen. Sie erklärt uns bloß, daß durch den Vertrag zwischen den beiden Kontrahenten (Spender und Sammler) ein dritter Bedachter mehr oder minder berührt wird. Welcher Art indessen die Beziehungen zwischen den drei Beteiligten sind, läßt sie im Dunkeln. Die kausalen Rechtsverhältnisse macht sie nicht verständlich, sie sagt uns nicht, ob und welche Rechtsbeziehungen zwischen Spender und Sammler obwalten. Sie läßt ebensowenig die dinglichen Rechtsänderungen, die durch die Gabe erfolgen, erkennen. Sie gibt keine Erklärung darüber, ob und welche Verhältnisse zwischen Geber und Bedachten, zwischen Bedachten und Sammler eintreten.

Vielmehr sieht sie sich gezwungen, zur Erläuterung aller dieser Punkte neue Rechtsgebilde heranzuziehn, wie z. B. den unbenannten Realkontrakt, die Schenkung, die fiduziarische Übereignung usw. Damit gibt sie selbst zu erkennen, daß die Rechtsfigur des V. z. G. Dr. eine hinreichende Erklärung nicht abzugeben, daß sie vielmehr erst durch Hinzunahme anderer Institute einen realen Gehalt zu gewinnen vermag. Denn wenn die Einzelheiten des Spendungsgeschäfts nur durch Annahme einer Schenkung oder eines Realgeschäfts usw. befriedigend begründet werden könnten, so wären es eben diese Geschäftstypen, die unserer Spendung ihr charakteristisches Gepräge verliehen, nicht aber die allgemeine Theorie des V. z. G. Dr.

Damit aber kehren wir zu konkreten Rechtsgeschäften zurück, wie sie teils schon abgelehnt, teils noch zu erörtern sind.

§ 9.

DAS SPENDUNGSGESCHÄFT EIN UNBENANNTER REALKONTRAKT.

Wie überall, wo keiner der geläufigen Geschäftstypen auf ein bestimmtes Institut anwendbar erscheint, so hat sich auch in unserem Falle die Kategorie des Innominatkontraktes rechtzeitig eingestellt. Der Begriff desselben wird am klarsten von Windscheid[1]) zum Ausdruck gebracht: „Wer etwas nimmt, was ihm unter der erkennbar hervortretenden Voraussetzung einer seinerseits vorzunehmenden Handlung gegeben wird, verspricht im Nehmen die Vornahme dieser Handlung, er bringt durch das Nehmen einen Realvertrag zustande".

Eine gewisse Ähnlichkeit mit dem Sammelgeschäft läßt sich allerdings nicht verkennen. Auch hier kommt der Vertrag, wenigstens soweit Realspenden in Frage stehn, nicht schon durch den Konsens, sondern erst durch die hinzutretende Tradition zustande. Auch hier erhält ein Kontrahent (der Sammler) eine Leistung des anderen (des Spenders) gegen das Versprechen, einen bestimmten Erfolg herbeizuführen.

So scheint es, als hätten wir es mit einem Geschäft nach dem Schema „do ut facias" zu tun. Und in der Tat hat auch diese Auffassung ihre Vertreter[2]) gefunden. Allein auch gegen sie lassen sich mehrfache Bedenken geltend machen.

---

[1]) Ders. Pand. § 428 Anm. 2.

[2]) So namentlich Krückmann, Arch. f. bürg. Recht, Bd. 8 S. 113f. — Ferner Kleemann, a. a. O. S. 55. — Jhering, Gutachten betr. d. Gäubahn S. 105 und vor allem auch Regelsberger, Streifzüge im Gebiet des Zivilrechts; derselbe in Jherings Jahrb. Bd. 36 S. 471.:

„Die datio ob rem, als welche der Spendungsvertrag anzusehn ist, gibt dem Geber in erster Linie eine condictio ob causam dati, wenn der Sammler die Gabe nicht zu dem angegebenen Zweck verwendet, und erst in zweiter Linie die actio praescriptis verbis auf Erfüllung."

Isay (a. a. O.), dem dies letztere entgangen war, behauptet, es läge überhaupt keine datio ob rem an den Sammler vor, folglich kommt nach ihm auch kein Anspruch der Geber auf Erfüllung zur Entstehung. Er bekämpft also diese Auffassung.

Siehe auch Dalloz l. c. 1903 S. 122. „La souscription publique est

1. Vor allem fehlt es in unserem Falle an dem den Innominatrealkontrakten innewohnenden Merkmal der Gegenseitigkeit. Vergleichen wir nämlich das Spendungsgeschäft mit irgend einem gegenseitigen Vertrag, so ergibt sich folgendes Bild: Bei dem Tausch z. B. gebe ich dem Vertragsgegner eine Sache, damit er mir eine andere dafür gewähre; hier steht Leistung der Gegenleistung gegenüber. Anders bei dem Spendungsgeschäft: Der Spender gibt nicht deshalb, um dafür eine Gegenleistung, wenn auch nur in Diensten bestehend zu erhalten, sondern um dem Sammler die Erreichung des von diesem gewollten und verkündeten Zwecks zu ermöglichen. Während bei dem Tausche die Vertragsparteien ein für beide verschiedenes materielles Interesse verfolgen, wirken bei dem Spendungsgeschäft Spender und Sammler in paralleler Richtung auf die Erreichung des idealen Zwecks hin. Auch wenn man annehmen wollte,[1]) daß die Dienste nicht im Nutzen der Vertragschließenden zu liegen brauchen, daß sie vielmehr im Interesse eines Dritten vom Sammler geleistet werden sollen, so wäre doch in einem solchen Falle weniger die Analogie des Innominatrealkontrakts als vielmehr die — schon früher abgelehnte — eines V. z. G. Dr. am Platze. Wie sollte man sonst diese beiden Vertragsarten unterscheiden? Bei dem Spendungsgeschäfte räumt der Spender dem Sammler das Recht und die Pflicht ein, mit seiner Gabe in einer vorher bestimmten Weise verfahren zu dürfen bzw. verfahren zu müssen. Beide Leistungen, die des Sammlers wie

---

à la fois une donation et un contrat commutatif (do ut facias), c'est à dire un contrat synallagmatique, à titre onéreux, dans lequel chacune des parties prend une obligation corrélative à celle qui est prise envers elle."

[1]) So Kleemann, a. a. O.

Nach einer Entscheidung des tribunal civil d'Oran vom 2. Okt. 1894 (abgedruckt im Journal le Droit du 11 oct. 1894), der zugrunde lag ein S. U. zum Bau einer Synagoge in Oran, ist die „souscription un contrat intéressé pour l'édification d'un monument, qui doit lui profiter comme aux autres fidèles du culte israélite. Der „gewonnene Nutzen" soll darin bestehn, daß der Spender (selbst wenn er in Europa wohnt!) auch die Synagoge soll benützen dürfen. A. M. dagegen l'arrêt de la chambre des requêtes v. 14. April 1863. D. P. 63. 1. 402. (Cour de cassation).

die des Spenders sind Vermögenswerte; denn auch die Tätigkeit des Sammlers ist im Verkehr nur um Geld beschaffbar; [1]) aber sie haben nicht den Charakter von Leistung und Gegenleistung. [2])

2. Sodann aber spricht gegen den Innominatrealkontrakt dasselbe Bedenken wie gegen den Vertrag z. G. Dr. Er bildet eine allgemeine Kategorie, kein konkretes Geschäft, ein Genus, keine Spezies. Seine Anwendung sagt uns lediglich, daß wir es mit keinem der gewöhnlichen Geschäftstypen zu tun haben, gibt aber keinen Aufschluß darüber, welcher Vertrag nun wirklich gegeben ist. Sie hat anders ausgedrückt nur negative Bedeutung, nicht positiven Wert. Denn Innominatkontrakte gibt es in großer Zahl und mit dem allerverschiedensten Inhalt. Wollte man den Begriff in unserem Falle selbst gegeben finden, so bliebe noch die Frage zu entscheiden, worin sich der im Spendungsgeschäft liegende Innominatkontrakt von anderen Verträgen derselben Kategorie unterscheidet. Und gerade in dieser Hinsicht läßt uns die bekämpfte Auffassung völlig im Stich.

Sie vermag uns namentlich nicht die kausalen Rechtsbeziehungen zwischen den beim Spendungsgeschäft beteiligten Personen zu erklären. Sie gibt keine Antwort auf die Fragen, ob wir es mit einem entgeltlichen oder unentgeltlichen Vertrage zu tun haben, ob wir die allgemeinen Grundsätze über gegenseitige Verträge anzuwenden haben, wie es ferner mit der Mängel-

---

[1]) Hellwig, Über die Grenzen der Vertragsmöglichkeit im Civ.-Arch. Bd. 86 (1896) S. 230.

Oertmann, Anm. 1 zu § 241 seines Komm. z. Recht der Schuldverhältnisse.

[2]) So schon Puchta, a. a. O. S. 476. — Ähnlich äußert sich auch Boethke in Gruchots Ztschrft. Bd. 48 S. 154f.: „Die Absicht des Spenders geht dahin, die Spende einem Dritten zuzuwenden oder damit die Erreichung eines sonstigen außerhalb der Vermögenssphäre der Sammler liegenden Zweck zu befördern.... Leistung und Gegenleistung sind danach nicht von der Art, um einen gegenseitigen Vertrag zwischen Sammler und Spender anzunehmen."

Nach der in Anm. 1 S. 41 diese Abhdg. zit. Entsch. d. Cassationshofs v. 14. avr. 1863 besteht das Äquivalent, „dont le souscripteur est le seul juge, dans la satisfaction de son caprice, de sa fantaisie, de sa vanité". Dagegen mit Recht, Dalloz 1903 l. c.

haftung steht, wie die Unmöglichkeit des Zwecks zu behandeln ist, wie sich die dinglichen Rechtsverhältnisse an den Gaben gestalten usw. Gerade in der letzteren Hinsicht sieht sich ein Vertreter[1]) der abgelehnten Anschauung genötigt, seine Zuflucht zu einem neuen Gesichtspunkt, nämlich dem des fiduziarischen Geschäftes zu nehmen. Von diesem soll in dem nächsten Paragraphen zusammenhängend gehandelt werden.

§ 10.

DAS SPENDUNGSGESCHÄFT EIN FIDUZIARISCHES GESCHÄFT.

A. Die Ansicht, daß das Spendungsgeschäft ein fiduziarisches Geschäft sei, ist vielfach vertreten worden.[2]) Dies ist auf den ersten Blick auch begreiflich, denn das Vertrauensmoment spielt gerade hier eine erhebliche Rolle. Ein großer Nachteil dieser Theorie macht sich aber insofern sofort fühlbar, als wir es hier mit einem gänzlich unsicheren juristischen Begriff zu tun haben, schon deshalb, weil die einen mehr an die römischrechtliche fiducia, die anderen mehr an das deutschrechtliche Treuhändertum anknüpfen, ferner weil auch innerhalb dieser beiden Arten wieder auffällige Verschiedenheiten vorkommen.

Es soll nun zunächst

B. Das Spendungsgeschäft als fiduziarisches Geschäft nach römisch-rechtlichem Prinzip untersucht werden.

I. Die verschiedenen Ansichten sind folgende:

1. Nach der einen[3]) muß man bei dem fiduziarischen Geschäft ein Innen- und ein Außenverhältnis unterscheiden:

---

[1]) Regelsberger, Streifzüge S. 70 f.; ders. Pand. I S. 343; ders. Jherings Jahrb. Bd. 36 S. 471.

[2]) Regelsberger, l. c. — Eck, Vorträge z. BGB. Bd. I S. 92/3 Bd. II S. 560. — Opet-v. Blume, Komm. zum Familienrecht § 1914 Anm. — Matthias, Lehrb. d. BGB. Bd. I S. 121. — Endemann, Lehrb. d. BGB. Bd. II_2 (3.—5. Aufl.). — Crome, Syst. d. BGB. Bd. I S. 269, aber nur teilweise. Neuerdings auch das OLG. Karlsruhe l. c. S. 489, das in seinen Ausführungen vollständig der Ansicht Kieperts folgt.

[3]) Dernburg, Pand. I S. 236.

Nach außen erhält der Fiduziar die Stellung des Eigentümers unserer Sache, nach innen bleibt er bloßer Bevollmächtigter, die Sache bezw. die Forderung ist für ihn im Verhältnis zum Vollmachtgeber eine fremde. Wenn daher der Fiduziar seine Vertrauensstellung mißbraucht, indem er das Anvertraute zum eigenen Nutzen verwendet, so begeht er eine Unterschlagung,[1]) gerät er in Konkurs, so kann der Vollmachtgeber dieser Ansicht nach das fiduziarisch weggegebene Aktivum aus der Konkursmasse vindizieren.[2])

Ein solches relatives Eigentum oder relatives sonstiges Recht gibt es aber nicht; wäre dies der Fall, so gäbe es keinen Unterschied zwischen einem fiduziarischen und einem simulierten Geschäft; ein solcher besteht aber nach der übereinstimmenden Ansicht wohl aller Schriftsteller. Denn bei dem simulierten Geschäft stellt sich das Handeln als der Abschluß eines Rechtsgeschäfts dar, doch sind sich die beiden Kontrahenten darüber einig, daß sie durch ihr Tun nur Dritte täuschen wollen, und daß im Ernst ein Rechtsgeschäft zwischen ihnen überhaupt nicht zustande gekommen sein soll. Demnach erzeugt das simulierte Geschäft keine Rechtswirkungen, wenigstens keine zwischen den Vertragsteilen. Bei der Vornahme eines fiduziarischen Geschäfts dagegen ist der Wille der Parteien ernstlich auf die Hervorbringung rechtlicher Wirkungen gerichtet, es soll wirklich z. B. durch den Übereignungsvertrag eine Eigentumsübertragung erfolgen. Wenn auch die Übertragung für die Parteien zwecküberschießend ist, so kann dies doch an der Gültigkeit des Vertrags, so wie er nach außen in Erscheinung tritt, nichts ändern.[3]) Dies führt uns

2. Zu der anderen Ansicht, wonach der Fiduziar das Eigen-

---

[1]) Entsch. des Reichsgerichts in Strafsachen Bd. 3 S. 344.

[2]) Vgl. Kohler in Jherings Jahrb. Bd. 16 S. 353. — Lang, Wirkung der fiduziarischen Geschäfte, Civ. Arch. Bd. 86 S. 342. Ferner Endemann, Lehrb. d. BGB. (9. Aufl.) Bd. I S. 286: „Denn der Treuhänder hat das Recht, soweit es über den Zweck der Verleihung hinausgeht, nur für fremde Rechnung, als ein ihm nicht gehörendes“.

[3]) Die fiduziarischen Geschäfte sind auch von den in fraudem legis oder in fraudem creditorum geschlossenen zu unterscheiden; solche sind nichtig n. § 138 BGB. bezw. anfechtbar n. d. Anfecht. Ges. v. 24. Juli 1879.

tum an der übertragenen Sache erwirbt, während der Übertragende nur einen persönlichen Anspruch gegen den Erwerber hat, um die fiduziarische Beschränkung gegen denselben geltend zu machen. Infolgedessen ist der Fiduziant durch untreue Verfügungen des Erwerbers gefährdet.[1])

[1]) So in neuester Zeit Dernburg, Lehrb. d. BGB. Bd. 1 S. 501: „In der Regel hat der Übertragende nur einen persönlichen Anspruch gegen den Erwerber, um die fiduziarische Beschränkung geltend zu machen". Dieser Ansicht schon früher Regelsberger, Pand. Bd. I S. 518: „Aus dem fiduziarischen Geschäft entspringt die seiner Gattung entsprechende Rechtswirkung ungeschmälert; der Fiduziar wird Eigentümer und Forderungsgläubiger wie bei der Übertragung zu einem anderen materiellen Zweck, denn es gibt kein auf einen bestimmten Zweck eingegrenztes Eigentumsbezw. Forderungsrecht". Auch das Reichsgericht hat keine einheitliche Auffassung in dieser Frage. In Bd. 45 S. 80 der Entsch. in Zivilsachen (vgl. ferner Bd. 24 S. 161; Bd. 55 S. 389; Seufferts Archiv Bd. 7 S. 346) steht die Frage zur Entscheidung: Kann die Aussonderung von Grundstücken aus der Konkursmasse verlangt werden, die dem Gemeinschuldner mit der (fiduziarischen) Abmachung aufgelassen worden sind, daß er sie für Rechnung der Auflassenden veräußern soll? Zu Beginn seiner Erwägungen stellt das Reichsgericht ausdrücklich fest, daß der Gemeinschuldner nicht etwa bloß nach außen Eigentümer geworden, dagegen in seinem Verhältnis nach innen bloß Bevollmächtigter gewesen sei; „denn der Eigentumsbegriff lasse sich nicht in dieser Weise spalten." Geradezu im Widerspruch hiermit stehn aber die darauf folgenden Worte: „Der Verkaufsauftrag der Kläger an den Gemeinschuldner erlosch noch bevor er ausgeführt war, durch die Konkurseröffnung über das Vermögen desselben. Damit entstand für Kläger ein Anspruch auf Rückgabe dessen, was sie dem Gemeinschuldner zwecks Ausführung des Auftrags hingegeben hatten. . . . . . Die Kläger haben ein Aussonderungsrecht an den Grundstücken, denn ein Vermögenszuwachs für den Empfänger war bei der fiduziarischen Eigentumsübertragung nicht bezweckt, sondern dieselbe war lediglich im Interesse der Kläger vorgenommen." Selbst wenn man im Falle der Konkurseröffnung ein Erlöschen des Auftrags annehmen wollte, würde dies doch nicht ohne weiteres die als solche weiter oben positiv festgestellte Eigentumsübertragung rückgängig machen. Von einem bloßen „Eigentumsträger", wie das Reichsgericht den Gemeinschuldner in concreto bezeichnet, kann man als von einem juristisch haltbaren Begriff nicht reden. Gleichfalls unerheblich ist, ob bei der fiduziarischen Eigentumsübertragung ein Vermögenszuwachs bezweckt war oder nicht.

Im Gegensatz zu Vorstehendem wird in Bd. 55 S. 389 der Entsch. folgender Fall behandelt: Die Beklagte hatte der Bank für H.

Diese zweite Ansicht ist offenbar die richtigere; denn gerade weil in der zwecküberschießenden Machtübertragung eine Gefahr für den Fiduzianten liegt, wählt man sich bei den sogenannten fiduziarischen Geschäften eine „Vertrauensperson" aus, bei der die Wahrscheinlichkeit des Mißbrauchs der übertragenen Macht möglichst gering ist. Erweist sich der Fiduziar trotz des ihm geschenkten Vertrauens als unzuverlässig, so hat sich eben der Fiduziant in einem wesentlichen Faktor seiner Berechnung geirrt und muß die Folgen hiervon tragen. Eine Anfechtung wegen Irrtums gemäß § 119^{I} BGB. ist deshalb ausgeschlossen, weil die zwecküberschießende Rechtsübertragung im vollen Einverständnis der beiden Kontrahenten stattgefunden hat. Der § 119^{II} BGB. kann aber deswegen nicht in Anwendung kommen, weil die Vertrauenswürdigkeit der Gegenpartei natürlich nicht als wesentliche Eigenschaft aufgefaßt werden kann, sie war kein rechtliches sondern ein ethisches Moment bei dem Vertragsabschluß. Wollte man die Möglichkeit einer anderen als zu 2. angegebenen fiducia annehmen, so würde dadurch die Verkehrssicherheit erheblich gefährdet werden. Ist aber die unter 2. gegebene Erklärung der fiducia die richtige, so wird durch sie dem Fiduzianten zu wenig Schutz gewährt. Denn der Empfänger wird voll berechtigt; das Eigentum des Fiduziars an der übergebenen Sache, sein Recht an der fiduziarisch abgetretenen Forderung ist nicht schwächer als in den gewöhnlichen Fällen der Übertragung.

---

u. I. ihre Forderungen zu treuen Händen abgetreten, um eine gleichmäßige Befriedigung aller Gläubiger zu ermöglichen. Das Reichsgericht nimmt hierzu folgendermaßen Stellung: „Hat auch der Beklagte durch die Abtretung eine Vermögenseinbuße insofern nicht erlitten, als die Abtretung zum Zweck der Erzielung eines Konkordates erfolgte, ... so ist doch nach außen unzweifelhaft die Forderung der Beklagten auf die Bank für H. u. I. übergegangen, und auch das innere, zwischen der Beklagten und deren Zessionarin begründete Verhältnis läßt die Annahme eines Fortbestehns der Forderung als eines Gläubigerrechts der Beklagten gegen die im Bezirk des Landgerichts M. wohnhafte Schuldnerin nicht zu"; d. h. mit anderen Worten: Die Forderung ist, auch was das Innenverhältnis anlangt, im Vermögen der Bank.

3. Es besteht also, wie aus dem unter 1. und 2. Gesagten hervorgeht, betreffs der fiducia eine große Unsicherheit der Ansichten. Ja wir kommen auf Grund hiervon sogar zu der Überzeugung, die rechtliche Existenz eines fiduziarischen Rechtsgeschäfts im juristisch-technischen Sinne zu leugnen. Der auf Grund eines fiduziarischen Rechtsgeschäfts sich ergebende dingliche Tatbestand unterscheidet sich von dem aus einem gewöhnlichen Geschäft gleicher Art hervorgehenden in keiner Weise. Verschieden ist nur der Inhalt des vorausgehenden obligatorischen Vertrags insofern, als bei den fiduziarischen Geschäften eine fiduziarische Nebenabrede, ein pactum fiduciae hinzukommt;[1]) kraft dieses pactum verpflichtet sich die Gegenpartei, nur in einer ganz bestimmten Weise mit dem übergebenen Gegenstand zu verfahren, bezw. denselben bei Eintritt eines bestimmten Ereignisses dem Übertragenden zurückzugeben. Durch die Annahme der Sache übernimmt der Vertragsgegner die Pflicht, die Sache dem ihm entgegengebrachten Vertrauen gemäß zu behandeln.[2]) Wenn also der Fiduziant Eigentum erhalten hat, so kann ein widersprechender innerer Wille der Parteien für den Eigentumsübergang keine bestimmten Folgen haben.[3]) Im Fall der Annahme einer bloßen Neben-

[1]) So Dungs in Gruchots Ztschrft. Bd. 40 S. 239. Dies war auch im römischen Recht der Fall, wo die fiducia eine ganz außerhalb des Manzipationsaktes stehende Beredung war, die der Mancipatio oder in iure cessio vorausging. Vgl. Karlowa, Röm. Rechtsgeschichte Bd. I S. 564; ferner Entsch. d. Reichsgerichts in Ziv. Sach. Bd. 2 S. 170; des weiteren Dreyer in Gruchots Ztschrft. Bd. 46 S. 241 f; S. 253 f. — So auch Crome, Syst. d. BGB. Bd. III S. 815; S. 197; Bd. I S. 374.

Schlegelmilch, Das fiduziarische Rechtsgeschäft § 3: „Daß infolge einer solchen fiduziarischen Beredung ein anders geartetes Eigentum übertragen wurde wie in gewöhnlichen Fällen, ließe auf eine völlige Verkennung des Eigentumsbegriffs schließen“. Vgl. § 903 BGB.

[2]) Eck, Vorträge Bd. I S. 137.

[3]) Wir stimmen in unseren Folgerungen mit Crome (l. c.) (nur teilweise) überein; denn auch er hält das pactum fiduciae für einen bloß obligatorisch unter den Parteien wirkenden Nebenvertrag, der für die Außenstehenden (!) keine anderen als die nach außen kund gegebenen und auch äußerlich in Erscheinung getretenen Rechtswirkungen hat. Wir

abrede mit fiduziarischer Bindung des anderen Teils haben die fiduziarischen Geschäfte dieser Art nichts besonders Typisches mehr an sich. Auch das besondere Vertrauen, das man der anderen Partei entgegenbringt, kann nicht geeignet erscheinen, hier ein besonderes Institut anzunehmen, zumal bei den meisten Vertragsabschlüssen ein gewisses Vertrauen der Parteien unter sich die unentbehrliche Grundlage bilden wird. [1])

Die fiducia bei Rechtsgeschäften kann demnach nur noch historische Bedeutung beanspruchen; sie diente im römischen Recht als Surrogat für noch nicht lebensfähig gewordene Rechtsgedanken und Rechtsinstitute. [2]) Wir brauchen hier bloß an ihre Bedeutung im Pfandrecht, an die mancipatio nummo uno cum pacto fiduciae zu erinnern. [3]) Charakteristisch erweist sich bei allen fiduziarischen Geschäften einmal die Verleihung einer zwecküberschießenden Rechtsmacht und dann der Gedanke des besonderen Vertrauens; beides sind aber keine spezifisch-juristischen Kriterien. Einen individuellen juristischen Gehalt erhielt das fiduziarische Geschäft im römischen Recht durch seine Verknüpfung mit der actio fiduciae, welche Klage im Fall der Verurteilung Infamie nach sich zog. Es lagen also damals schon die Konsequenzen mehr auf sozialem Gebiet, die Untreue war der Verachtung und Strafe preisgegeben. Eine solche actio fiduciae existiert heutzutage nicht mehr; demnach kann auch nicht mehr im Rechtssinne von fiduziarischen Geschäften gesprochen werden. [4])

gehn aber insofern weiter, als wir auch für die Vertragsparteien selber keine dinglichen, sondern nur obligatorische Wirkungen annehmen.

[1]) Man denke hier namentlich an Darlehn, Leihe usw. die gewiß auch viel Vertrauen auf Seite des Darleihers und Verleihers voraussetzen.

[2]) Oertmann, Die fiducia im röm. Privatrecht, S. 154. Sohm, Institutionen 11. Aufl. § 78 S. 360.

[3]) Daneben sei noch hingewiesen auf den familiae emtor als Fiduziar, auf die adstipulatio, mancipatio zwecks adoptio und coemtio.

[4]) So auch Dreyer, a. a. O. und Strohal in Jherings Jahrb. Bd. 34 S. 337.

Den Hauptanlaß zur Annahme eines besonderen fiduziarischen Geschäfts und eines besonderen fiduziarischen Eigentums hat in neuerer Zeit hauptsächlich der Konkurs des Fiduziars gegeben. Hier kann dem

II. Anwendung auf das Spendungsgeschäft.

Beide Konstruktionen des fiduziarischen Geschäfts weisen Eigentümlichkeiten auf, die mit der rechtlichen Natur des Spendungsgeschäfts nicht harmonieren.

1. Regelmäßig hat der Fiduziant die Absicht, z. B. durch Übergabe einer Sache an den Fiduziar, sich die Rückgabe zu sichern oder doch ohne Vermögensverlust für seine Person einen bestimmten Rechtserfolg herbeizuführen. Speziell der Gedanke an die Rückgabe der anvertrauten Sachen ist, historisch betrachtet, bei den verschiedenen Funktionen der fiducia regelmäßig bemerkbar. Bei dem Spendungsgeschäft gilt aber gerade das Gegenteil: Der Spender will keine Rückgabe und erwartet eine solche auch nicht; dadurch würde ja gerade der Sammelzweck vereitelt werden. Nur im Falle des Mißbrauchs oder der Unmöglichkeit, den Zweck zu erreichen, will er sein Rückforderungsrecht geltend machen.

2. Der Fiduziant handelt bei Vornahme des fiduziarischen Geschäfts in der Regel in seinem eigenen Interesse. Wenn er auch, um seinen Zweck zu erreichen, mehr Rechte überträgt, als nötig ist, so will er sich wenigstens sein Interesse dadurch

---

Fiduzianten seine Schadensersatzforderung wenig nützen; nur ein dingliches Recht gewährt ihm den Aussonderungsanspruch. Ein solcher wird dem Fiduzianten denn auch fast überall in der Literatur zugestanden (Kohler in Jherings Jahrb. Bd. 16 S. 353; Dungs in Gruchots Ztschrft. Bd. 32 S. 25; Kuhlenbeck, Von den Pandekten zum BGB. Bd. I S. 398; Jaeger Komm. zur C. O. S. 511). Als einziger widerspricht dem Seuffert (Lehrbuch des Konkursrechts Anm. 10 zu § 94). Nach ihm würde die Bejahung der Frage nach dem Aussonderungsrecht zur Annahme eines relativ dinglichen Rechts führen, eines Rechtsgebildes, das im BGB. überall abgelehnt wird. — Kuhlenbeck kommt zwar auch zu dem Schluß, man müsse nach bestehendem Recht konsequenterweise annehmen, daß ein Aussonderungsrecht nicht bestehe, sagt aber, daß dies entgegen dem Sinn des Lebens und entgegen dem Sinn des § 43 K. O. sei. — Bei der Beratung der K. O. sei wenigstens für den Wechsel und andere indossable Urkunden einstimmig die andere Ansicht (nämlich Aussonderungsfähigkeit) als Auffassung der Kommission und der Regierungsvertreter zu Protokoll konstatirt worden.

wahren, daß er eine möglichst vertrauenswürdige Person aussucht. Er macht also nur notgedrungen in seinem eigensten Interesse von der Fiduzia Gebrauch; daß dieselbe je nach den Vertragsabsichten der Parteien dem Fiduziar eine sehr vorteilhafte Stellung einräumt, ist klar, aber auch bedingt durch die Notlage der Gegenpartei.

Anders liegt die Sache bei dem Spendungsgeschäft: Der Spender handelt frei aus reinem Wohltätigkeitstrieb, aus Kunstsinn usw. Es liegt kein notwendiger, durch die wirtschaftlichen Interessen bedingter Akt des Fiduzianten, sondern ein Liberalitätsakt vor.

Speziell gegen die erstere Konstruktion des fiduziarischen Geschäfts, bei der nach außen hin Eigentumsübertragung, nach innen Auftrag oder ein sonstiges Geschäft vorliegt, spricht der Umstand, daß eine solche Scheinstellung, die zudem noch durch den nach §§ 168 f. BGB. möglichen Widerruf der Vollmacht gefährdet wäre, unvereinbar ist mit den wichtigen und weitgehenden Funktionen, die der Sammler auszuüben hat.

3. Gegen die zweite Konstruktion, wonach die fiduziarischen Geschäfte sich von anderen Geschäften gleicher Art nur durch die obligatorische Nebenabrede unterscheiden, spricht der Umstand, daß durch die Übertragung des vollen Eigentums dem Sammler eine zu weitgehende Machtbefugnis eingeräumt würde, deren Folge unter Umständen eine große Gefährdung für die Spender bedeutete. So müßte im Fall des Todes des Sammlers das Eigentum an den Spenden auf die Erben übergehn, die in den Augen des Spenders vielleicht garnicht des Vertrauens würdig sind, das er dem Erblasser entgegengebracht hat. Diese Erben hätten ihrerseits aber wahrscheinlich wenig Freude an dem ererbten S. V., da es für sie nur eine schwere Last bedeuten kann. Kurz, beide Teile wären mit einem solchen Zustande unzufrieden. Ein Eigentum der Sammler am S. V. könnte auch insofern gefährlich werden, als die Spenden von Gläubigern des Sammlers gepfändet oder im Konkurse desselben verwertet werden könnten. Allen diesen Eventualitäten gegenüber gewährt der bloß obligatorische Anspruch gegen den Fiduziar

wenig Schutz. Es liegt dagegen in unserem Rechtsgefühl, dem Spender für den Fall, daß er gegen den Sammler einschreiten muß, ein dingliches Recht als Grundlage seiner Ansprüche so lange zu belassen, bis seine Gabe zur Erfüllung des Sammelzwecks verwendet worden ist.

Aus allen diesen Gründen erscheint uns auch die Konstruierung des Spendungsgeschäfts als eines fiduziarischen Geschäfts ungeeignet und unrichtig.

C. Die germanische Treuhand.

Im Anschluß an die römisch-rechtliche fiducia sei auch die stammesverwandte und doch grundverschiedene Treuhänderschaft germanischen Ursprungs erwähnt, da auch sie zur Klärung der Verhältnisse beim S. V. herangezogen worden ist.[1])

1. In den germanischen Volksrechten findet sich der Treuhänder vielfach unter der Bezeichnung „Salmann"; er vermittelt als solcher die Tradition d. h. die Sale eines Gutes durch den Eigentümer an den Destinatär.[2]) Namentlich im Grundstücksverkehr spielt er eine wichtige Rolle; denn er vermittelt dem Nichtbürger, der vom Eigentumserwerb an städtischen Grundstücken ausgeschlossen war, diesen ihm auf direktem Weg nicht möglichen Erwerb. Im allgemeinen hat der Salmann die Funktion eines Stellvertreters bei den Geschäften, die den Erwerb von Liegenschaften oder von Rechten an solchen zum Gegenstand haben; denn für solche Rechtsgeschäfte kannte das ältere deutsche Recht eine Stellvertretung nicht. Aus den überlieferten Beispielen[3]) kann man entnehmen, daß die Berechtigung des

---

[1]) Schultze, Treuhänder im geltenden bürgerlichen Recht, Jherings Jahrb. Bd. 43 S. 35 f. — Schlegelmilch, Das fiduziarische Rechtsgeschäft.

[2]) Vgl. Schroeder, Lehrb. d. deutschen Rechtsgeschichte 2. Aufl. § 35 S. 247 Anm. 79; § 42 S. 341 Anm. 41; § 37 S. 371; § 61 S. 709.

[3]) Also: Vermittler beim Grunderwerb; im Prozeß; Mittelsmann beim Erbschaftserwerb; ferner namentlich die Stellung des Treuhänders im Lehnrecht, wo er als Lehnsträger für den Lehnsunfähigen eintritt; schließlich zur Erfüllung allerhand kirchlicher Zwecke im langobardischen

Treuhänders immer nur so lange gedauert hat, bis er seinen Zweck erfüllt hatte.[1])

2. Zwei Kriterien sind also für das deutschrechtliche Treuhänderinstitut wesentlich; ein negatives, darin bestehend, daß der Treuhänder kein volles Eigentum[2]) an der übertragenen Sache erwirbt, sondern nur ein resolutiv bedingtes, und ein positives Kriterium, nämlich Begrenzung der Machtfülle des Treuhänders in materieller Hinsicht je nach der Vertragsabsicht der Parteien. Es sind der sachenrechtlichen Herrschaft des Treuhänders Schranken gezogen. So wird neben sein Eigentum ein Miteigentum des Treugebers gestellt und dadurch seine Verfügungsbefugnis an die Mitwirkung des letzteren gebunden. Treugeber und Treuhänder stehn hier in einer Gemeinschaft zur gesamten Hand. Denkbar ist auch, daß der Treuhänder gar nicht Eigentum erwirbt, sondern nur ein dem Treuhandzweck entsprechend gestaltetes dingliches Recht an fremden Sachen, während der Treugeber, sein Erbe, oder ein anderer das Eigentum hat. Möglich ist weiterhin eine Beschränkung des Rechts des Treuhänders in zeitlicher Hinsicht; seine Berechtigung dauert nur so lange, bis

---

Recht. Vgl. Schultze, Die langobardische Treuhand und ihre Umbildung zur Testamentsvollstreckung. § 6 S. 37, 47.

1) Schlegelmilch, a. a. O. S. 23.

2) Die Möglichkeit eines solchen Treuhänderinstituts war dadurch gegeben, daß der Gegensatz vom Eigentum und dinglichen Rechten ursprünglich verschwand in der Form stärkerer und schwächerer Arten desselben Herrschaftsrechts. Neben vererblichem gab es lebenslängliches, neben immerwährendem, befristetes und auflösend bedingtes Eigentum. Solche Einschränkungen der proprietas kamen bei den Übereignungserklärungen vielfach zum Ausdruck. (Gierke, Deutsches Privatrecht Bd. II S. 351, 360, 373.) Aber mit der Rezeption drang der römische Eigentumsbegriff in Deutschland ein; nach diesem ist das Eigentum eine unbeschränkte Rechtsmacht. Wenn sich auch nebenher deutschrechtliche Gedanken und Einrichtungen behaupteten, die ja zum Teil in das BGB. übergegangen sind, so sind es doch nur typische Einzelfälle, die im Hinblick auf germanische Rechtsgedanken bestehn geblieben sind, aber nicht ein, wie oben geschildertes, durch Privatwillkür je nach den Umständen modifizierbares Eigentum. Hiermit entfällt aber auch ein so allgemein gehaltenes Treuhandprinzip nach germanischem Recht, weil es ganz auf der Modulationsfähigkeit jenes altgermanischen Eigentumsbegriffs beruht.

der Zweck, um dessen willen das Treuhandverhältnis begründet wurde, erreicht ist.

Der Hauptvertreter[1]) der Treuhandtheorie des Spendungsgeschäftes unterscheidet folgende drei Arten von Treuhändern:

a) Treuhänder mit auflösend bedingtem, befristetem Vollrecht (Eigentum), z. B. fiduziarische Stiftung, Sammlung von Beiträgen, Vollgiro zum Inkasso.

b) Treuhänder mit begrenztem Recht an fremden Gegenständen, z. B. Testamentsvollstrecker.

c) Treuhänder mit bloß obligatorischer Berechtigung begrenzten Inhalts, z. B. Treuhänder des Hypothekenbankgesetzes vom 13. VII. 1899.[2])

Nun kann man unter diese drei Rubriken so ziemlich jedes Rechtsverhältnis bringen. Wie schon oben hervorgehoben, spielt bei vielen Verträgen das Vertrauensmoment eine Rolle; ob dies mehr oder weniger der Fall ist, kann für die Bezeichnung des Geschäfts als eines solchen zu treuen Händen wohl kaum ein Unterscheidungsmerkmal bilden.

Ein besonders großes Vertrauen, wie bei dem römischrechtlichen fiduziarischen Geschäft, durch welches wirklich dem Fiduziar eine zwecküberschießende Rechtsmacht verliehen wurde, wäre nach dem germanischen Treuhänderbegriff[3]) gar nicht so sehr erforderlich, „da die Rechtsmacht des Treuhänders sich dem jeweiligen Zweck des Verhältnisses anzupassen vermag, nicht über denselben hinausschießen, noch hinter demselben zurückbleiben muß“.

III. Was nun die Anwendung der für den Treuhänder nach

---

[1]) Schultze, a. a. O.

[2]) § 29 des zit. Gesetzes. Aber hier vertritt nicht etwa der Treuhänder die Pfandbriefgläubiger, auch nicht den Schuldner, er ist vielmehr ein selbständiges Subjekt von Berechtigungen, welche ihm zur Erhaltung gesunder Kreditverhältnisse im Hypothekenverkehr zugeteilt sind.

Sehr mit Recht sieht daher Dernburg (Lehrb. des BGB. Bd. I S. 501) „die Aufgabe des Treuhänders n. BGB. im Gegensatz zum alten deutschen Recht, wo er als Ersatz für das fehlende Institut des Vertreters verwendet wurde, in der Wahrung sozialer Aufgaben“.

[3]) Wie er oben von Schultze definiert ist.

deutschem Recht geltenden Grundsätze auf das uns interessierende Spendungsgeschäft anlangt, so erheben sich von vorneherein deswegen große Schwierigkeiten, weil der Treuhänder ein so vieldeutiger Begriff ist, daß von einer festumgrenzten Kategorie gar nicht mehr gesprochen werden kann, besonders da eine gesetzliche Regelung dieses Instituts nicht erfolgt ist.

a) Wenn man wirklich den Sammler als Treuhänder mit auflösend bedingtem Eigentumsrecht ansehn wollte, könnte man nicht ebensogut annehmen, daß er auflösend bedingtes Eigentum an den Spenden erwirbt, weil der Vertragswille der Parteien dahin ziele? Das zukünftige, ungewisse Ereignis, welches den Eintritt der Resolutivbedingung darstellt, wäre der Mißbrauch der Spende durch den Sammler oder das Unmöglichwerden der Erfüllung des Sammelzwecks.[1] Der Begriff „Treuhänder" erweist sich demnach hier als ziemlich überflüssig. Nach der Meinung des Vertreters dieser Theorie soll nun der Ausdruck „resolutiv bedingtes Eigentum" nicht im wörtlichen Sinn aufgefaßt werden. Die Resolutivbedingung mache das S. V. in der Hand des Sammlers als Treuhänders zum Sondervermögen. „Die einzelne Gabe wie das ganze S. V. ist von der Vererbung auf seiten des Sammlers ausgeschlossen, indem nachweisbar zum S. V. gehörige Stücke für die Gläubiger des Sammlers und im Konkurse desselben unangreifbar sind. Aus zweckwidrigen Verfügungen können bösgläubige Erwerber keine Rechte ableiten und der gutgläubige Erwerber unterliegt bei Unentgeltlichkeit der Kondiktion".[2]

Nun findet aber bei dem gewöhnlichen auflösend bedingten Eigentum eine Vererbung statt; ferner kann hier derjenige, welchem das resolutiv bedingte Eigentum übertragen ist, zur Sicherheitsleistung angehalten werden, wenn er durch Ausübung seines eigenen Rechts

---

[1]) So in der Tat Krückmann, dessen Auffassung zutreffend durch Bolchini widerlegt wird (S. 64).

[2]) So Schultze, a. a. O.

das Gegenrecht gefährdet.[1]) Ein normales „resolutiv bedingtes Eigentum" wäre für den Sammler aus den genannten Gründen wenig passend. Mit Recht wird man daher diesen germanischen Treuhänder als unvereinbar mit den Grundsätzen unseres bürgerlichen Gesetzbuchs auch für die Theorie des S. V. verwerfen, „besonders da ihr Vertreter[2]) Behauptungen aufstellt, ohne sie weiter zu begründen".[3])

b) Eine bloß obligatorische Berechtigung, wie sie allenfalls nach dem zweiten Anwendungsfall denkbar wäre, ist, wie wir schon bei der römisch-rechtlichen fiducia hervorgehoben haben, nicht ausreichend für die vielfach sehr verantwortlichen Funktionen des Sammlers und entspricht auch nicht den tatsächlichen Verhältnissen.

c) Es bliebe noch der dritte Fall übrig, wonach dem Sammler ein begrenztes dingliches Recht an den ihm durch den Spendungsakt überwiesenen Gaben zustehen soll. Dies wäre die passendste Anwendungsform für unseren Fall; aber das rechtfertigt nicht die Anwendung einer besonderen Treuhandkategorie; denn das finden wir nicht durch Anwendung dieser Kategorie auf unseren Fall, sondern wir müssen umgekehrt aus der Natur der Sache die Einzelheiten finden. Endlich gibt uns diese Kategorie nur Auskunft über die dinglichen Rechtsverhältnisse, nicht über die obligatorische Rechtslage.[4])

D. Sowohl die fiducia wie die Treuhand brachten uns

---

[1]) Cosack, Lehrb. d. BGB. Bd. I S. 195.

[2]) Schultze, a. a. O.

[3]) Dernburg, Lehrb. d. BGB. Bd. I § 172 S. 701 Anm. 1.

[4]) Eine weitere schwierige Frage ergibt sich bei der Schultzeschen Theorie namentlich mit Rücksicht auf die Möglichkeit der Unterscheidung zwischen germanischer Treuhand und der auch nach Schultze weiter bestehenden römisch-rechtlichen fiducia. Diese soll auf „einige besonders geartete" Fälle Anwendung finden (S. 103). Die fernere Bemerkung, daß bei der Auslegung der Parteiabsicht die Vermutung für deutsche Treuhänderschaft sei, kann doch kaum ein Unterscheidungsmerkmal bilden.

keine Lösung;[1]) damit sind alle bisherigen Versuche abgelehnt. Wir schließen daraus, der richtige Weg wird sein, induktiv zu verfahren, d. h. zu fragen, welche Verhältnisse dem Wesen der Sache am besten entsprechen, und daraus die obligatorischen und dinglichen Einzelheiten abzuleiten.

[1]) Die Tatsache, daß im englischen Recht noch heutzutage der Treuhänder (trustee) eine hervorragende Rolle spielt, kann nicht als Argument verwandt werden, daß auch in unserem Recht ein solches Institut noch lebensfähig sei. Im englischen Recht, bekannt durch seinen konservativen Geist, haben wir es mit einer kontinuierlichen Entwicklung des Treuhänders seit ältester Zeit zu tun. Dort sind auch die verschiedenen rechtlichen Beziehungen der Trusts durch zahlreiche Gesetze geregelt. Im allgemeinen können solche trusts grundsätzlich von jedermann formlos errichtet werden, aber eine wichtige Ausnahme ist die Bestimmung nach dem „Statute of frauds“ 29 car. II c. 3. Hiernach müssen alle „declarations of trusts or confidences of any land, tenements, or hereditaments manifested and proved by some writing signed by the party or by his last will writing“ sein. Der trustee (Treuhänder) tritt als vollberechtigt hinsichtlich der ihm (legal) anvertrauten Vermögensrechte auf.

Vgl. E. Heymann, Überblick über das englische Privatrecht in Kohler-Holtzendorffs Encyclopädie Bd. I S. 811.

Von diesem juristischen Treuhänderbegriff muß wohl unterschieden werden der Treuhänder im wirtschaftlichen Sinne vgl. F. Trüstedt, Treuhänder in Nr. 196 (1906) von „Kapitalanlage und Geldmarkt“, Beilage zum „Tag“: „Als Treuhandtätigkeit beginnt sich in Deutschland nach englischem und amerikanischem Vorbild ein Berufszweig herauszubilden, welcher eine hervorragende wirtschaftliche Bedeutung beansprucht. — Unter einem Treuhänder versteht man einen kaufmännischen Beistand, einen Berater und Mitarbeiter in den Fragen des Handelsbetriebes und seiner Organisation für den geschäftlichen Unternehmer, einen Ratgeber des Privatmannes bei seinen wirtschaftlichen Entschließungen und Vertreter seiner Interessen als Bevollmächtigter“. Trüstedt rechnet hierher den accountant oder auditor, der aber viel weitergehende Funktionen als der deutsche Bücherrevisor hat, da er nicht bloß formal den Tatbestand der Handelsbücher prüft, sondern die materielle Prüfung des gesamten organisierten Betriebs eines Unternehmens mit subjektiver Würdigung vornimmt; weiterhin wird hierher gerechnet der geschäftliche Vertrauensbeistand von Privatleuten. Es sind das alles, wie gesagt, wirtschaftliche Funktionen, deren juristische Eigenart jedesmal erst nach der für den Einzelfall gestellten Diagnose ermittelt werden kann.

§ 11.

DAS SPENDUNGSGESCHÄFT ALS VERSPRECHEN (ZEICHNUNG) UNTER LEBENDEN.

I. Eine andere Möglichkeit zur Schaffung eines S. V., nicht so häufig wie die Realspende, ist die „Zeichnung". Hier verspricht der Spender dem Sammler, eine Gabe für das S. V. zu spenden. Regelmäßig weist ein S. U. nicht beide Formen auf, vielmehr werden meist nur Zeichnungen oder nur Gaben entgegengenommen. In den Fällen, in welchen es schneller Hilfe bedarf, wird natürlich eher die sofortige Gabe am Platze sein, in anderen Fällen, namentlich, wenn die Erreichung des Sammelzwecks vom Zustandekommen einer Mindestsumme abhängt (Denkmalfonds), wird man am zweckmäßigsten die Zeichnung verwenden, um, falls die Mindestsumme nicht erreicht wird, das Zeit und Kosten verursachende Rückzahlen und Rücksenden der Gaben zu vermeiden. Die Sammler werden daher wohl meist die Form der Zuwendungen für das S. U. von vornherein festsetzen.[1])

Auch über die juristische Natur der Zeichnung ist man sich, ebenso wie über die der Realspende, nicht einig. Einmal bildet den Gegenstand des Streits die Frage, ob durch das Zeichnen eines Betrags überhaupt eine rechtliche Verpflichtung entstehe, sodann ob die in der Zeichnung enthaltene rechtliche Verpflichtung auf einem einseitigen Rechtsgeschäft oder einem Vertrage beruhe.

1) Nach einer Ansicht[2]) ist eine Klagmöglichkeit aus der Zeichnung zu verneinen, „weil die Zeichnung ein nicht akzeptiertes Schenkungsversprechen ist, welches jederzeit widerrufen werden kann". Eine Bejahung dieser Frage wäre, wie der Vertreter dieser Theorie ausführt, nur unter dem Gesichtspunkt denkbar, daß die Sammler für die künftigen Empfänger akzeptieren; das aber hätte wieder zur Voraussetzug, daß die Sammler

---

[1]) Kleemann, a. a. O. S. 39 f. — Regelsberger, Streifzüge, S. 73. Ders. Pand. I § 87 S. 343.

[2]) Puchta, a. a. O. S. 480 und Krückmann, a. a. O.

zu den Empfängern zur Zeit der Akzeptation in einer Art Repräsentantenverhältnis ständen, was nicht der Fall ist, weil überhaupt die Beziehungen zwischen Gebern und Sammlern einerseits und Empfängern andrerseits nur faktische, nicht juristische sind. Dies trifft aber, wie aus den vorhergehenden Erörterungen hervorgeht, nur hinsichtlich des Verhältnisses zwischen Sammlern und Empfängern zu.

In Wirklichkeit ist die Zeichnung kein klagloses, jederzeit widerrufliches Schenkungsversprechen, ebenso wie die Beitragsleistung nicht die Erfüllung eines solchen Versprechens ist. Zu einem solchen Geschäft würde sich auch wohl kaum ein Sammler bereit finden.[1])

2) Nach einer anderen Theorie[2]) wird die Zeichnung als einseitiges verpflichtendes Versprechen angesehen, und daher gegen den Versprechenden eine Klage auf Erfüllung gewährt.[3]) Das Beitragsversprechen zugunsten eines S. U. (Zeichnung) hat man als einseitiges Versprechen der pollicitatio und dem Votum zur Seite gestellt. Die Widmung oder Stiftung an die Götter oder an die Gemeinde waren bekanntlich die einzigen Fälle im römischen Recht, in denen das unentgeltliche Versprechen schon von altersher mit verbindlicher Kraft ausgerüstet war.[4]) Es besteht tatsächlich auch eine große Ähnlichkeit zwischen der Zeichnung zu einem S. U. und der pollicitatio[5]) insofern, als beide eine „gesellschaftliche Liberalität“ darstellen.

---

1) Kleemann, S. 13; Kiepert, S. 45.

2) Unger in Grünhuts Ztschrft. Bd. 1 S. 373, Das Versprechen als Verpflichtungsgrund im heutigen Recht. Isay, a. a. O. S. 453—460.

3) Isay, a. a. O. S. 455.

4) Jhering, Zweck im Recht Bd. I S. 264: „Die pollicitatio ist die Form der Stiftungen unter Lebenden, die Rechtsform für die gesellschaftliche Liberalität.“ cf l. 3. § 1 de pollic. (50. 12) und l. 14 § 1 ibid.

5) „Aber auch die pollicitatio verpflichtet nicht ohne weiteres als reine Liberalität, l 1 § 5 de poll. (50. 12), sondern nur, wenn sie durch einen besonderen Grund motiviert ist, sei es, weil die Gemeinde ihrerseits etwas gewährt hat oder gewähren soll, sei es wegen eines schweren Unglücksfalles, von dem dieselbe betroffen worden ist, oder wenn das Versprechen durch den Anfang der Ausführung den Boden der Wirklichkeit beschritten hat“. cf. Jhering, Zweck im Recht I S. 285.

Nach dem BGB. kann jedoch aus einem einseitigen Versprechen grundsätzlich keine Verpflichtung entstehen, und die pollicitatio und das votum können deswegen nicht zum Vergleich herangezogen werden, weil sie nach BGB. nicht existieren.[1]) Zum rechtsgültigen Abschluß eines Schenkungsversprechens, falls ein solches in der Zeichnung enthalten wäre, gehört nach §§ 516, 518 BGB. immer ein Vertrag. Es widerspricht auch die Einseitigkeit dem tatsächlichen Hergang, bei welchem wir doch Offerte und Annahme konstatieren können. Eine weitere Schwierigkeit wäre die, eine Adresse der einseitigen Erklärung zu finden. Ferner wäre es zweifelhaft, ob sie empfangsbedürftig ist oder nicht usw. Jedenfalls muß von der Zeichnung gefordert werden, daß sie ein die Parteien bindender Vertrag ist, der dem Sammler die Verschaffung derjenigen Rechte gewährleistet, ohne die er den Sammelzweck nicht verwirklichen kann. Wie beschaffen die juristische Natur dieses Vertrags ist, werden wir weiter unten im zweiten Abschnitt der Abhandlung bei Besprechung der eigenen Theorie sehen.

II. Vergleichshalber sei in diesem Zusammenhang der „Aktienzeichnung" gedacht. Sie darf umso eher erwähnt werden, als in der zweiten Kommission zur Abfassung eines BGB.[2]) beantragt war, das Rechtsverhältnis zwischen Zeichner und Komitee dem Falle gleichzustellen, daß der Zeichner einer Aktie vor der Eintragung einer Aktiengesellschaft in das Handelsregister einen Geldbetrag an den künftigen Vorstand eingezahlt hat. (Art. 210 III altes HGB.) Die Mitglieder des Komitees würden ebensowenig Eigentümer der Geldstücke wie die Mitglieder des künftigen Vorstands der AG. Sie hätten lediglich eine unentziehbare Vollmacht von ähnlicher Art wie die in § 26 II S. 2 und § 652 I bestimmte Vertretungsmacht. Die Geldstücke würden mit einer bindenden Übertragungserklärung dem

[1]) Windscheid-Kipp, Lehrb. d. Pandektenrechts Bd. II S. 220, 221. — Vgl. auch für das gemeine und italienische Recht Bolchini Nr. 161 ff., der freilich für den Fall der S. U. zugunsten einer Person unhaltbare Aufstellungen gibt. Nr. 172 ff.

[2]) Protokolle Bd. VI S. 313 f.; oben S. 11.

Komitee als dem Vertreter aller Beteiligten in der Weise hingegeben, daß er den Empfänger bestimmen könne und zwar mit verpflichtender Kraft für die Spender. Die Sammler hätten dadurch, daß sie sich beteiligten, den Zweck zu ihrer Angelegenheit gemacht, sie würden nicht Eigentümer des Geldes, aber sie erlangten das vertragsmäßige Recht, die ihnen hingegebene Übertragungserklärung demjenigen darbieten zu können, welcher das Geld empfangen soll, und diese Rechtsmacht sei unwiderruflich.

Diesen Konstruktionsversuch, der zeigen sollte, daß man auf dem Boden des Entwurfs zu einer Beantwortung der sich ergebenden Fragen gelangen könne, fand die Kommission unpraktisch und undurchführbar. Seitdem hat diese Theorie keinen Vertreter mehr gefunden. Der Vorteil dieser Theorie besteht darin, daß das Eigentum an den Spenden den Spendern bis zur Übergabe an den Destinatär erhalten bleibt. Doch würde sich das Verwaltungs- und Verfügungsrecht des Komitees mit den Befugnissen des Vorstands einer A. G. nicht decken. Außerdem wäre auch der zugrunde liegende Tatbestand — hier Erwerbsabsicht, dort idealer Zweck — zu verschieden und nicht geeignet, eine analoge Behandlung des S. U. nach Art der Aktienzeichnung zu rechtfertigen. Aus dem gleichen Grunde kann dieselbe auch nicht zum Vergleich mit der hier gegebenen Frage nach der juristischen Natur der Zeichnung bei S. U. herangezogen werden, schon aus dem Grunde, weil Aktienzeichnung und Spendenzeichnung wirtschaftlich völlig verschiedene Geschäfte sind.

II.

THEORIEN ÜBER DAS ERGEBNIS DER SAMMELGESCHÄFTE (SAMMELVERMÖGEN).

Wir kommen nunmehr zu einer Reihe von Theorien, die, ohne das einzelne Spendungsgeschäft einer Untersuchung zu unterziehen, nur das Ergebnis der Sammlungen, das S. V., hinsichtlich seiner juristischen Natur zu erklären versuchen. Wie wir schon hervorgehoben haben, empfiehlt sich diese Methode kritisch vorzugehen weniger als diejenige, zunächst das einzelne Spendungsgeschäft auf seine juristischen Eigenschaften hin zu prüfen. Gleichwohl ist der andere Weg von vielen und zwar gerade neueren Bearbeitern dieser Frage eingeschlagen worden.

§ 12.

DAS S. V. ALS GESELLSCHAFTSVERMÖGEN ODER ALS VERMÖGEN EINES NICHT RECHTSFÄHIGEN VEREINS.

Es ist die Theorie aufgestellt worden, die Spender eines S. U. schlössen unter sich einen Gesellschaftsvertrag ab;[1]) während also bisher nur das Spendungsgeschäft, d. h. das Rechtsverhältnis zwischen Spender und Sammler ins Auge gefaßt wurde, werden hier in erster Linie die Beziehungen zwischen den Spendern selbst untersucht, und ein Vertragsverhältnis unter denselben angenommen. Der Gesellschaftsvertrag, den hiernach die Spender abschlossen, hat als Ergebnis das S. V., das als Gesellschaftsvermögen anzusehen ist. Nur als eine Weiterbildung der Gesellschaftstheorie muß es angesehen werden, wenn statt einer Gesellschaft ein nicht rechtsfähiger Verein der Spender angenommen wird. Betrachten wir zunächst

A. Die ältere Theorie des S. V. als Gesellschaftsvermögen, so begegnen wir wieder hier zwei Abarten, von denen die erstere eine Spendergesellschaft bei allen S. U., die zweite nur bei öffentlichen S. U. annimmt.

I. Das S. V. allgemein ein Gesellschaftsvermögen.

1. Hiernach bilden also die Spender eine Gesellschaft. An dem zweckgebundenen Sondervermögen besteht eine Eigentumsgemeinschaft zur gesamten Hand, deren Träger aber nicht

---

[1]) Gierke, Deutsches Privatrecht Bd. I S. 673 Anm. 43. — Gegen diese Ansicht auch das Urt. des OLG. Karlsruhe l. c. S. 488: „Diese Annahme einer Gesellschaft der Beitragspender entspricht nicht der Intention der Beteiligten, indem der einzelne Spender regelmäßig den Beitrag ohne Beziehung zu einer anderen Gabe macht, auch gar nicht willens ist, in irgend welche Beziehungen zu anderen Spendern zu treten, geschweige denn in ein Verhältnis gegenseitiger Verpflichtung“.

die Sammler, sondern sämtliche Beitragsspender sind. Mag auch die Beitragsgesellschaft lediglich durch einen von sich aus zusammengetretenen oder von anderen eingesetzten Ausschuß ins Leben gerufen sein und von ihm vollkommen repräsentiert werden, so bleibt doch diese engere Personengemeinschaft Geschäftsführerin einer umfassenden Personengemeinschaft, der jeder Beitragende beitritt. Das zweckbestimmte Sondervermögen ist somit ein Gesellschaftseigentum, an dem nach Verhältnis der Beiträge bemessene Anteile in der durch die gesamte Hand bewirkten Gebundenheit bestehn.

Aus diesem allgemeinen Tatbestand werden nun für die Praxis schwerwiegende Konsequenzen gezogen, nämlich: Beschlußgewalt einer Versammlung der Beitragsspender, insbesondere betreffend Abänderung des Verwendungsplans; Anspruch der Gesamtheit auf Ausführung des Unternehmens, auf Rechnungslage; Klagrecht der Einzelnen auf Ausscheidung und Auswortung ihrer Anteile bei Wegfall oder Verkehrung der Zweckbestimmung.

2. Die Theorie wird aber von vornherein in ihrer Wirkung bedeutend abgeschwächt durch nachfolgenden Zusatz: „Bei manchen Formen der Sammlung ist freilich die Gesamtheit der Beteiligten so unbestimmt und verfließend, daß ihre Vermögensträgerschaft unpraktisch ist und mehr als Grundlage eines öffentlichen Einschreitens bedeutsam wird.“ Bekanntlich sind nun aber gerade diese Veranstaltungen, bei denen sich die Sammler an die Allgemeinheit wenden und bei denen viele Geber unbekannt bleiben, in der Mehrzahl, so daß uns die Theorie gerade in den interessantesten und im Hinblick auf § 1914 BGB. praktisch wichtigsten Fällen im Stich läßt.[1])

Allerdings weist die Gesellschaftstheorie unzweifelhaft einige Vorzüge auf, die nicht verschwiegen werden sollen: Zunächst bleiben einmal die Spender mit ihren Gaben bis zur vollkommenen Erreichung des Sammelzwecks noch verknüpft, da sie als Gesellschafter an dem Gesellschafts- bezw. Sammelvermögen nach

[1]) Kleemann S. 51.

den Grundsätzen der Gesamthand anteilsberechtigt sind. Ferner bleiben sie in näherer Berührung mit den Sammlern, deren Verwaltungstätigkeit als Organe der Gesellschaft sie beaufsichtigen und durch Beschlüsse beeinflussen können. Auch hätte der einzelne Spender bei Unmöglichkeit des Sammelzwecks und infolge der dadurch herbeigeführten Auflösung der Gesellschaft die Möglichkeit, wieder zu seinem Anteil bezw. seiner Spende[1]) zu kommen. Schließlich wäre hierdurch die Frage, ob nicht das Beitragsversprechen als Versprechen einer unentgeltlichen Leistung nach Art des Schenkungsversprechens der gerichtlichen und notariellen Form bedürfe, in einfachster Weise dadurch gelöst, daß für das Versprechen eines Gesellschaftsbeitrags keine Form verlangt wird.

Aber diesen Vorzügen stehen andrerseits große Bedenken und Widersprüche mit den Tatsachen gegenüber.

a) Was zunächst die Gabe der Spender selbst anbelangt, so würde sie bei Annahme einer Spendergesellschaft zum Gesellschaftsbeitrag und verlöre dadurch ihren Charakter als unentgeltliche Verfügung; an diesem wird man aber auf alle Fälle festhalten müssen.[2]) Der einzelne Spender leistet nicht um des Vorteils willen, Mitglied einer Gesellschaft zu sein. Außerdem wäre der Moment des Entstehens der Gesellschaft höchst unbestimmt.

b) Was ferner die Spender selbst betrifft, so wird man eine Absicht derselben, Gesellschafter zu werden, wohl kaum voraussetzen dürfen; es fehlt ihnen der animus societatis ineundae. Von einer Beitrittserklärung zur Gesellschaft und gar von einer Verpflichtung gegenüber den anderen Spendern ist aber bei der Spende niemals die Rede. Der zu einem S. U. beisteuernde Spender hat auch nicht einmal das Bewußtsein[3]) eines derartigen rechtlichen Handelns. Jedenfalls kann das bloße Geben oder Versprechen der Spende nicht als Beitrittserklärung

---

[1]) Schultze a. a. O. Bd. 43 S. 39 f.

[2]) Kiepert, S. 22.

[3]) Kleemann, S. 53.

gedeutet werden.[1]) Ferner spricht gegen die Annahme einer Gesellschaft, daß dadurch die Spender zu den Gaben der übrigen Spender und zu diesen selbst in eine Beziehung gebracht würden, die ihnen oft unerwünscht wäre.[2])

c) Es muß weiterhin betont werden, daß die Möglichkeit Gesellschaftsrechte zu betätigen, auf enorme Schwierigkeiten stoßen würde. Von einer beschlußfassenden Versammlung der Spender wird man wohl kaum schon etwas gehört haben. Eine solche könnte sich höchstens im engsten Privatkreise bilden. Auch könnte man von einem Majoritätsrechte der Spender im vorliegenden Falle kaum sprechen, einmal wegen der großen Wertverschiedenheit der Gaben und dann wegen der ungewissen Mitgliederzahl wenn z. B. der

---

[1]) Geigel in Puchelts Ztschrft. Bd. 35 S. 105; derselbe, Reichs- und reichsländisches Kirchen- und Stiftungsrecht Bd. I S. 93 f. — Hellwig, Verträge auf L. a. Dr. S. 239 f. meint dagegen: „Das die Spender nicht persönlich miteinander kontrahieren, steht nicht im Wege; sie treten eben auf Grund der Aufforderung durch das Komitee miteinander in Verbindung, welches sie hiermit zugleich als Geschäftsführer bestellen“.

[2]) Kiepert (a. a. O.) geht allerdings zu weit, wenn er behauptet, es liege nur ein rein zufälliges Verfolgen des Sammelzwecks vor. Gewiß sind sich alle Spender wohl bewußt, daß nur durch vereinte Kraft der Sammelzweck erreicht werden kann, und ihre Absicht ist es auch, so zum Ziel zu kommen. Aber deswegen braucht man doch nicht an eine Spendergesellschaft zu denken. Unrichtig ist es auch, wenn derselbe Verfasser sagt, „mit der bloßen Hingabe der Spende sei das Interesse der Spender am S. U. erschöpft, und die Spender hielten mit demselben Augenblick auch die Gabe und das immerhin noch geldwerte Interesse der Spender an der zweckgemäßen Verwendung derselben für rechtlich und tatsächlich ausgeschieden aus ihrem Vermögen“. Jeder, auch nur halbwegs gewissenhafte Mensch wird, auch nachdem er seine Gaben hingegeben, noch das Wachsen des auch durch ihn bereicherten S. V. weiter verfolgen und darauf achten, ob auch der Sammelzweck wirklich erreicht werde. Bei Unmöglichkeit des Sammelzwecks wird er sich für berechtigt halten, seine Gabe zurückzufordern. Wozu wären denn sonst auch die regelmäßigen Berichterstattungen über größere S. U. in den Tagesblättern nötig? Doch nicht bloß um der Reklame willen!

Stammtisch zu X eine Gabe schickt usw. Ein Hauptargument gegen solches Gebahren ist aber, daß man die ausgebliebenen Spender nicht durch Majoritätsbeschlüsse vergewaltigen darf. Es zeigt sich aber hier ganz deutlich, daß die Spender niemals durch etwaige Mehrheitsbeschlüsse gezwungen werden dürfen, einer Zweckänderung des S. U. zuzustimmen, dem sie nur unter ganz bestimmten Voraussetzungen ihre Gaben gewidmet haben.

d) Auch die Sammler würden eine ihren wirklichen Befugnissen nicht entsprechende Einschränkung erfahren: Sie ständen gemäß § 713 BGB. im Verhältnis geschäftsführender Gesellschafter, d. h. sie handelten als Beauftragte, wodurch z. B. der Widerruf des Auftrages ermöglicht würde. Es könnte ihnen ferner bei Vorliegen eines wichtigen Grundes die Geschäftsführung durch Beschluß der Spenderversammlung entzogen werden. Schließlich könnte dieselbe Versammlung über den Kopf der Sammler hinweg als Organ der Gesellschaft eine Verwendung des S. V. zu einem anderweiten Zweck beschließen (§ 709 BGB.). Auch hätte man bei der Annahme einer Gesellschaft die merkwürdige Erscheinung, daß die Vertreter bezw. Organe der Gesellschaft schon vor dieser selber existierten.[1])

In Wirklichkeit sind die Sammler viel mehr als bloße Organe einer Gesellschaft. Sie haben nicht bloß die Idee des gerade in Frage kommenden S. U. in die Welt gesetzt, sondern sind auch nach seiner Entstehung seine einzige Triebfeder. Den Gebern bleibt nichts anderes übrig als sich den Bestimmungen der Sammler zu fügen; ein Einfluß auf deren Tätigkeit findet an und für sich in keiner Weise statt.

Nur bei rechtswidrigem, unlauterem Gebahren eines Sammlers wird man ein Einschreiten auf dem Klagewege gestatten müssen, aber nicht der Spendergesellschaft, sondern dem einzelnen Spender.

[1]) Kleemann, S. 54.

e) Bei der ständig wachsenden Mitgliederzahl würde zudem immer wieder eine neue Gesellschaft durch das Hinzutreten eines weiteren Spenders ins Leben gerufen, eine sicherlich sehr unpraktische Folgerung für das S. U.

So erweist sich auch die Annahme der Gesellschaftstheorie in mehr als einer Hinsicht verfehlt.

II. Der vorstehend geschilderten Theorie haben sich noch andere Schriftsteller,[1]) wenn auch mit weitgehenden Modifikationen angeschlossen.[2])

Hiernach sollen die Grundsätze von der „Gesellschaft" nicht auf alle S. U. Anwendung finden, sondern gerade im Gegensatz zum Vertreter der unter I geschilderten Ansicht, die privaten S. U. eine Ausnahme bilden. Da, wo die Beitragszuwendung nur einfache Hingabe unter Zwecksatzung ist,[3]) sollen die Bestimmungen über die Verträge zugunsten Dritter angewendet werden. Schon im Anfang dieser Abhandlung haben wir indessen hervorgehoben, daß bei der Gleichartigkeit aller in den Rahmen unserer Definition passenden S. U. eine verschiedene juristische Behandlung derselben nicht möglich ist.[4])

Selbst wenn aber die Unterscheidung durchführbar wäre,

---

[1]) So Geigel vgl. oben Anm. 1 S. 64; ferner Paul Rehme in Krit. Vierteljahrsschrift Bd. X (n. F.) S. 247 f.

[2]) Hellwig, Verträge, S. 238 f; ders. Anspruch u. Klagrecht S. 297 f.

[3]) Hellwig erwähnt als Bsp. den Pfarrer, der für die Abgebrannten im Dorfe Unterstützungen sammelt. Bezüglich der Frage, wie weit ein V. z. G. Dr. bei dem einzelnen Spendungsgeschäft in Betracht kommen kann, verweisen wir auf den einschlägigen Paragraphen dieser Abhdlg.

[4]) Praktisch hat die verschiedene Behandlung von privaten und öffentlichen S. U. insofern große Bedenken, als in vielen Fällen Unterschiedsmerkmale zwischen beiden Arten gar nicht zu entdecken sind. Der Unterschied kann jedenfalls nicht darin gefunden werden, daß der Sammler bei privaten S. U. die einzelnen Spender kennt. Daß die Hellwigsche Unterscheidung aber selber versagt, führt Kl emann (S. 51) in folgendem Beispiel aus: „Es findet ein S. U. statt zwecks künstlerischer Ausstattung der Aula eines neuerbauten Schulhauses und zwar unter den ehemaligen Schülern der Anstalt. Da die Sammlung hier eine private ist, findet Gesellschaftsrecht nach der Ansicht von H. keine Anwendung; aber auch ein V. z. G. Dr. ist ausgeschlossen, da ein solcher Dritter nicht vorhanden ist, sondern nur ein bestimmter Zweck erstrebt wird".

so wäre nicht ersichtlich, warum die Spender in um so engerer Verbindung stehn sollen, je größer ihr Kreis wäre, wie denn auch die Tatsache auffallend ist, daß die eine Theorie (Gierke) gerade für den Fall eine Gesellschaft annimmt, in welchem die andere (Hellwig) sie für praktisch gegenstandslos erklärt. Es liegt auch kein Grund vor, die Spender, die doch sicher in den beiden Fällen durchaus gleichartige Absichten betätigen, mit so verschiedenem Maßstab zu messen.

B. Der Vertreter dieser zweiten Ansicht scheint denn auch seinen anfänglichen Standpunkt bereits aufgegeben zu haben,[1]) wenn er für alle S. U. allgemein das Vorliegen eines nicht rechtsfähigen Vereins annimmt.

Durch diese Theorie sollen die mancherlei Bedenken beseitigt werden, welche durch Annahme einer Gesellschaft hervorgerufen werden. Nach § 54 BGB. finden auf „nicht rechtsfähige Vereine" die Vorschriften über die Gesellschaft Anwendung. Das Gesetz normiert aber selber zwei wesentliche Abweichungen: Einmal haftet aus einem Rechtsgeschäft, das im Namen eines solchen Vereins einem Dritten gegenüber vorgenommen wird, der Handelnde persönlich (mehrere Handelnde haften als Gesamtschuldner, BGB. § 54 S. 2), und sodann kann ein nicht rechtsfähiger Verein als solcher verklagt werden. (§ 50 C. P. O.)

I. Die vorliegende Theorie weist unbestritten mannigfache Vorzüge gegenüber der vorhergehenden auf. Vor allem ist hier die Möglichkeit geschaffen, daß das S. U. vom Wechsel in der Zahl und in der Individualität der Spender nicht berührt wird. Ferner könnte derjenige Künstler, Handwerker oder sonstige Dritte, der sich in geschäftliche Beziehungen mit den Sammlern eingelassen hat, für den Fall, daß seine Forderungen nicht bezahlt werden, direkt den nicht rechtsfähigen Verein der Spender verklagen.[2]) Ein weiterer Vorzug wäre der, daß auch hier

---

[1]) Siehe Hellwig, Anspruch und Klagrecht, S. 297.
Derselbe, Lehrb. des Zivilprozeßrechts Bd. I S. 306 f.

[2]) Hauptsächlich auf Grund dieser passiven Parteifähigkeit wird dem „nicht rechtsfähigen" Verein von manchen Schriftstellern (vgl. Förster-Engelmann, Komm. z. ZPO. Anm. z. § 17 sub c., ferner Hellwig, Lehrb.

die Spender durch das Miteigentum an dem S. V. verknüpft blieben.

---

des Zivilprozesses S. 294 f. und Dernburg, Lehrb. d. BGB. Allgem. Teil S. 223), so paradox es auch klingen mag, die Rechtsfähigkeit überhaupt beigelegt. So sagt Engelmann l. c.: „Alle Personen und Vermögensmassen, die als solche verklagt werden können, sind parteifähig, mithin auch rechtsfähig. Sie gehören demnach unter dieselbe Kategorie von Rechtsgebilden, wie die juristischen Personen, ein Ausdruck, der wegen seiner Unsicherheit und seiner vielbestrittenen begrifflichen Deutung vom Gesetzgeber aus Anlaß der Novelle zur ZPO. v. 17. Mai 1898 absichtlich nicht gebraucht ist".

Schon vor Engelmann hat Hellwig diese Ansicht aufgestellt, und zwar, wie es scheint, mit der Einschränkung, daß rechtsfähig nicht ist die Personenverbindung als solche, sondern das selbständige Sondervermögen derselben. Auch die Spender bei einem S. U. bilden nach ihm einen nicht rechtsfähigen Verein und das S. V. ist das selbständige Sondervermögen dieses Sonderverbandes. — Alle diese Konstruktionen enthalten de lege ferenda sicherlich beachtenswerte Gedanken. Gewiß wäre es zu wünschen, daß die nicht rechtsfähigen Vereine, welche tatsächlich sich denselben Wirkungskreis vorzeichnen wie die rechtsfähigen, auch rechtlich diesen gleichgestellt würden. Diese Erteilung der Rechtsfähigkeit ist aber ein politisches Machtmittel des Staates, das er so leicht nicht aufgeben wird.

Einen wesentlich vom obigen abweichenden Standpunkt nimmt Hölder (a. a. O. S. 283) ein, der den nichtrechtsfähigen Verein als besonderen Fall der Gesellschaft auffaßt und zwar, weil es Merkmale gibt, die dem rechtsfähigen Verein wesentlich und der Gesellschaft unwesentlich sind, ihr aber zukommen müssen, wenn sie ein nicht rechtsfähiger Verein sein soll, so daß dieser ein besonderer Fall der Gesellschaft ist. Als diese besonderen Merkmale gibt Hölder an; 1. Existenz eines Vereins- oder Gesellschaftsvermögens; 2. die einem Vorstand oder Vertreter des Vereins oder der Gesellschaft zukommende Verwaltung des Vereins- oder Gesellschaftsvermögens. — Der Hölderschen Ansicht kann aber m. E. deshalb nicht beigepflichtet werden, weil es neben dem Begriff des rechtsfähigen Vereins einen weiteren Vereinsbegriff gibt, nämlich gerade den „nicht rechtsfähigen Verein". Wie Knoke (Das Recht der Gesellschaft u. BGB. S. 1 f.) richtig ausführt, ist die Gesellschaft kein neues rechtliches Wesen, sie begründet nur rechtliche Beziehungen zwischen den durch sie verbundenen Personen. Im Gegensatz zum Verein ist auch die Individualität der Mitglieder für sie von wesentlicher Bedeutung. Sie schafft nur rechtliche Beziehungen zwischen eben diesen Personen, ein Wechsel der Gesellschafter ist mit ihr unvereinbar, denn sie beruht auf dem gegenseitigen Vertrauen, welches diese Personen ineinander setzen.

II. Diesen Vorzügen stehn aber weit größere Nachteile gegenüber.

1) Zunächst könnte man auch hier, wie bei der Gesellschaft, zweifeln, ob die Spender überhaupt die Absicht haben, Mitglieder eines Vereins zu werden. Gerade der vorübergehende Zweck des S. U. widerspricht der Tendenz des Vereins, möglichst lange das gesteckte Vereinsziel zu verfolgen.

2. Die Möglichkeit des Mitgliederwechsels ist zwar bei dem nicht rechtsfähigen Verein eben so wenig wie bei der Gesellschaft vorgesehn; es ist nun aber gerade das Wachsen der Mitgliederzahl für den Verein so charakteristisch, daß man kraft Gewohnheit in der stetig sich ändernden Mitgliederzahl auch nicht rechtsfähiger Vereine etwas Selbstverständliches sieht. Ja, dieser Mitgliederwechsel bildet sogar zusammen mit der Bestimmung des § 54 II BGB. den wesentlichen Unterschied zwischen Gesellschaft und nicht rechtsfähigem Verein.

3. Zum mindesten merkwürdig wäre weiterhin, daß, während in sonstigen Vereinen die Mitglieder gleiche Beiträge und gleiche Rechte haben, beim S. U. die Beiträge so höchst verschiedenartig wären.

4. Wie steht es ferner mit den Rechten der Mitglieder? In Wirklichkeit hört man davon so viel wie gar nichts. Wenn auch zugegeben werden muß, daß man dem Spender nicht zumuten kann, ruhig mit anzusehn, wie seine Gabe einem fremden Zweck zugeführt wird, so braucht ein etwaiges Eingriffsrecht des Spenders doch nicht notwendig ein Mitgliedschaftsrecht zu einem Verein zu sein. Ein solches Recht wird wohl meistens auch in einer Mitgliederversammlung ausgeübt; von einer Versammlung der Spender hört man aber beim S. U. nichts. Denn hier haben, wie wir fast täglich beobachten können, allein die Sammler Anordnungen und Verfügungen über das S. V. zu treffen. Wie stände es ferner mit einer Beschlußfassung der Mitgliederversammlung, die auf Zweckänderung des S. U. hinausginge? Eine solche kann zwar durch das Vereinsstatut ausgeschlossen werden, das Statut selber aber ist abänderbar; falls bei Zweckänderung jedoch die Auflösung des Vereins vorgesehn

wäre, so wäre damit jedesmal auch die Existenz des S. U. aufgehoben, womit der etwaigen Minorität der Spender wohl schwerlich gedient sein dürfte. Auch eine eventuelle Nachschußpflicht der Spender, wie sie sich die Mitglieder eines nicht rechtsfähigen Vereins im Notfall gefallen lassen müssen, läge durchaus nicht in der Absicht der Spender und kann denselben auch schon im Interesse des S. U. selbst nicht zugemutet werden. (§ 735 BGB.) Vor allem widerspricht auch die Periodizität der Beiträge, wie sie dem Verein eigentümlich ist, dem Wesen des S. U.; es hängt dies mit der tieferliegenden Ursache zusammen, daß der Verein meist einen dauernden Zweck, das S. U. dagegen immer einen vorübergehenden Zweck verfolgt.

5. Endlich handelt der Sammler gegenüber Dritten nicht im Namen des „Vereins“, sondern im eigenen, also auch nicht als gesetzlicher Vertreter oder geschäftsführender Gesellschafter.

6. Hauptsächlich ist es aber das Fehlen jeder Organisation, welches die Annahme eines Vereins ausschließt. Daß keine Mitgliederversammlung vorhanden ist, haben wir schon hervorgehoben. Wo sind ferner die Statuten und der Vorstand? Es sind das doch alles Dinge, die bei dem nichtrechtsfähigen Verein ebenso wie beim rechtsfähigen bestehn, wenn sie beim ersteren auch nicht besonders hervorgehoben sind.

Nach alledem erweisen sich sowohl die Grundsätze der Gesellschaft wie die des nichtrechtsfähigen Vereins für unser Institut als wenig passend.

§ 13.

2. DAS SAMMELVERMÖGEN ALS JURISTISCHE PERSON.

A. Das S. V. als Stiftung.

I. Daß das S. V. eine Stiftung oder wenigstens einer solchen analog zu behandeln sei, wurde schon für das gemeine Recht aufgestellt.[1]) Auch noch nach dem Recht des BGB. wird diese

---

[1]) Bekker, Pand. Bd. II S. 277, 283. — Dernburg, Pand. I § 62 Nr. 8.

Theorie aufrecht erhalten.[1]) Nach ihr ist, „das S. U. als das Rechtssubjekt anzusehn, für welches die an der Spitze desselben stehenden Komiteemitglieder, in deren Ermangelung der Pfleger, zu handeln haben. Demgemäß sind solche S. V. den Stiftungen analog zu behandeln. Einer staatlichen Genehmigung bedürfen sie jedoch nicht".[2])

II. Diese Theorie erscheint nicht unmöglich. Sie hat den Vorzug einer gewissen Einfachheit der juristischen Konstruktion. Es läßt sich auch nicht bestreiten, daß es vielleicht zweckmäßig gewesen wäre, de lege ferenda die S. V. als juristische Personen ähnlich der Stiftung zu behandeln,[3]) wenn auch ohne die Beschränkungen, wie sie für jene gelten.

Aber gegen ihre Annahme sprechen folgende Bedenken: Zunächst ist vom Gesetzgeber das S. V. offenbar nicht als Stiftung, auch nicht als stiftungsähnliche Erscheinung aufgefaßt worden. Sonst wäre § 1914 überflüssig oder zum mindesten falsch systematisiert. Aber auch in tatsächlicher Hinsicht sind mannigfache Verschiedenheiten zwischen Stiftung und S. U.[4]) gegeben.

Weiterhin würden die immerhin sehr umständlichen Formen des Stiftungsgeschäfts auf das S. U. nicht passen. Vor allem ist der Gründungshergang in beiden Fällen ein ganz anderer. Bei der Stiftung gibt es regelmäßig nur einen Stifter, bei dem S. U. zahlreiche Mitwirkende. Wenn auch zugegeben

---

[1]) Dernburg, Lehrb. d. BGB. Bd. I S. 288.

[2]) Regelsberger bezeichnete diese Konstruktion (n. gemeinem Recht) für juristisch denkbar, aber für unpraktisch. Dagegen hat schon Puchta (a. a. O. S. 474) auf die Unzulässigkeit der Anwendung der Stiftungsnormen für das S. V. hingewiesen. Neuerdings haben sich gegen die Annahme einer Stiftung erklärt: insbes. Planck, Komm. Bd. I S. 116; Staudinger, Komm. Bd. IV Anm. zu § 1914. — Crome, Syst. Bd. I S. 269 u. a. m.

[3]) Strohal, Das deutsche Erbrecht S. 516.

[4]) Isay (a. a. O. S. 444) hebt z. B. hervor, daß die Stiftung der Privatakt eines Einzelnen, während das S. U. ein Werk der Gesamtheit oder im Gegensatz zum Privatakt ein Volksakt sei. Dieser etwas sehr prägnanten Fassung liegt ein richtiger Gedanke sicherlich zugrunde.

sein mag, daß bei Schaffung einer Stiftung nicht notwendig bloß ein Einzelner soll handeln dürfen,[1]) so kann man doch unmöglich sämtliche Spender, deren Zahl doch in jedem Falle möglichst groß gewünscht wird, als Stiftergemeinschaft ansehn, da die Geber völlig unabhängig von einander dem S. U. ihre Gaben zuwenden. Ferner ist bei der Stiftung Schriftlichkeit erforderlich, dagegen nicht bei dem Spendungsakt. Dort ist die Initiative zu dem ganzen Unternehmen bei dem zu suchen, der die Mittel hergibt, hier bei dem, der sie sammelt. Während bei der ganzen Einrichtung der Stiftung, der Festsetzung der Statuten usw. allein der Stifter des künftigen Stiftungsvermögens maßgebend ist, haben bei dem S. U nicht die Spender des S. V., sondern die Sammler allein Einfluß auf die Verwaltung und Verwendung desselben.

Auch hinsichtlich der Entstehung weisen Stiftung und S. U. Verschiedenheiten auf. Dort entstehen zunächst Stiftung und Satzung, und erst nach Festsetzung der letzteren tritt der Vorstand in seine Rechte, hier dagegen existierte ein „Vorstand", der Sammler, schon bevor die juristische Person, das S. U. selbst, zur Entstehung gelangt wäre.

Wie würde man weiterhin um das Erfordernis der staatlichen Genehmigung herumkommen? Gerade auf sie wird man, wie mit Recht hervorgehoben worden ist,[2]) nicht verzichten können, wenn man wirklich Stiftung und S. U. in eine Linie stellen will. So gibt uns denn das Erfordernis der Genehmigung einen weiteren tiefgehenden Unterschied zwischen S. U. und Stiftung. Bei dieser hat sie einen sehr erheblichen, wirtschaftspolitischen Hintergrund: Die Zahl der für den Volkswohlstand unfruchtbaren Kapitalien, der in der sog. toten Hand befindlichen Vermögen, soll seitens des Staates reguliert werden können. Dieser Gesichtspunkt scheidet bei dem S. U. schon deswegen vollständig aus, weil dasselbe als solches nur vorübergehende Existenz

[1]) Vgl. Hölder, Natürliche und juristische Personen S. 260 f., der übrigens die Stiftung wie die juristischen Personen überhaupt als öffentlich-rechtliche Institute ansieht.

[2]) S. Isay, a. a. O.

hat. Wollte man trotzdem für die S. U. die staatliche Genehmigung einführen, so würde dies für die meisten den Todesstoß bedeuten.

Abgesehen von dem Erfordernis der Genehmigung (§ 80 BGB.) würde sich auch die Frage erheben: in welchem Zeitpunkt entsteht die Stiftung beim S. U.? Schon mit dem Aufruf, oder mit der ersten Spende, oder überhaupt erst mit dem Abschluß der Sammlung? Wo verbliebe dann, im Falle der letzteren Annahme, in der Zwischenzeit das Eigentum der Spenden?

Für das einzelne Stiftungsgeschäft fordert § 81 BGB. schriftliche Form, ein Erfordernis, das ebenfalls auf die Sammelgeschäfte lähmend einwirken würde. Kein Mensch denkt in Wirklichkeit daran, mit dem Sammler einen schriftlichen Vertrag abzuschließen, und daß auch bei der Zeichnung diese Form nicht regelmäßig gewahrt wird, ist bereits oben dargelegt. Das Stiftungsgeschäft ist weiterhin widerruflich (§ 81 BGB.), während im Gegensatz hierzu gerade die Unwiderruflichkeit eine wesentliche Eigenschaft des zwischen Spender und Sammler geschlossenen Vertrags bildet.

Und nun gar die Organisation! Bei S. U. sind Statuten wohl kaum zu finden, dagegen sind sie bei der Stiftung ein notwendiges Erfordernis. Fällt bei der Stiftung der satzungsmäßige Vorstand weg, so hat die Neubestellung eines solchen zu erfolgen, bei dem S. U. dagegen tritt hier die Pflegschaft des § 1914 ein. Auch in der rechtlichen Stellung der Organe der Stiftung und des S. U. ist ein Unterschied gegeben: Dort handelt der Vorstand als gesetzlicher Vertreter; hier dagegen tritt der Sammler eigenen Namens handelnd auf. Inwieweit er bei Vornahme von Rechtsgeschäften über die Höhe des S. V. hinaus eventuell persönlich haftbar werden kann, ist später noch darzutun.[1])

[1]) Es sei schließlich auf den wichtigen Unterschied hinsichtlich der staatlichen Überwachung hingewiesen, von dem wir schon oben andeutungsweise gesprochen haben. Sie zeigt sich in dem Recht des Staats, die Stiftung ev. aufzuheben oder eine Umänderung des Zwecks vorzunehmen. Ferner kommen in Betracht die bei der Stiftung getroffenen Vorkehrungen für den Fall der Auflösung der Stiftung und des Erwerbs des Stiftungsvermögens durch Dritte. Vgl. auch Art. 91, 138, 85 EG.-BGB. u. § 85 BGB. Alle diese Möglichkeiten sind beim S. U. ausgeschlossen.

B. So sehen sich denn andere Theorien gezwungen, das S. V., das sich unter keinen der bekannten Begriffe unterordnen läßt, als eine neue Art juristischer Person anzusprechen.

I. Die eine dieser Theorien geht rein begrifflich vor, es ist die Konstruktion des Zweckvermögens nach Brinz.[1]) Speziell das S. V. nannte dieser Schriftsteller ein Zweckvermögen impendendum im Gegensatz zum bloßen custodiendum (hereditas iacens); das gesammelte Geld sei vom Augenblick seiner Vereinnahmung an, entsprechend der Zweckvermögenstheorie res nullius und erst von der Verteilung ab sei es wieder Personengut. Ein solches interimistisches Zweckeigentum wird auch heute noch von manchen anerkannt.[2]) Es wird aufgestellt, daß das Rechtsleben ohne derartige Vermögen nicht auskommen könne. Aber es wird auch andrerseits zugegeben, daß diese Fälle Unregelmäßigkeiten bedeuten, die nur für Durchgangs- oder Übergangsstadien erträglich sind.[3])

So lange die in Betracht kommenden Rechtsverhältnisse in ihrem Zustand erstarrt bleiben, kann man sich ja mit ihrer Existenz als solcher abfinden. Aber das Verhältnis ändert sich sofort, wenn, wie bei dem S. U. durch die Verfolgung seines Zwecks und den Abschluß mannigfacher Rechtsgeschäfte, eine ständige rechtliche Inanspruchnahme solcher Zweckvermögen stattfindet.

Soll aber die Bezeichnung als Zweckvermögen mehr als ein bloßer Wortbehelf sein, soll in Wirklichkeit hinter diesem Wort der heutzutage reale Begriff der juristischen Person stehen, dann ist, wie A. Schultze[3]) mit Recht ausspricht, in der Tat nicht zu verstehen, „warum man das Kind nicht mit dem richtigen Namen nennt".

[1]) Brinz, Pand. I S. 497, 508. — Vgl. auch Rümelin, Zweckvermögen und Genossenschaft.

[2]) Dernburg, Pand. 5. Aufl. S. 148. — Regelsberger Pand. I § 15, III. — Isay, Jahrb. f. Dogm. Bd. 33 S. 438 f.

[3]) Schultze, A. Jherings Jahrb. Bd. 43 S. 36 f. Er hält z. B. das aufgegebene Grundstückseigentum für ein solches Zweckvermögen. BGB. § 928. — Gegen die Annahme einer juristischen Person in irgend einer Form vgl. auch die weitschweifigen Ausführungen von Bolchini Nr. 24—40.

Die Brinzsche Theorie bringt uns also nicht weiter. Sie sagt uns nicht, inwiefern das S. V. sich von anderen Zweckvermögen unterscheidet, da doch jede juristische Person ein Zweckvermögen sein soll. Sodann sprechen gegen diese Annahme dieselben Bedenken, wie sie gegen die allgemeine Theorie vom Zweckvermögen zu erheben sind und wie sie oben dar gestellt wurden. Jedes Vermögen hat einen Zweck, auch das des physischen Menschen; jedes Vermögen muß aber auch ein Subjekt haben.

II. Im Gegensatz zu der vorgedachten geht eine andere Theorie[1]) mehr von praktischen Gesichtspunkten aus. Sie argumentiert folgendermaßen: „Die durch den Zweck herbeigeführte objektive Gebundenheit dieser Vermögen führt im menschlichen Geist zu einer subjektiven. Rechtlich ist nichts geändert, nur die Form der Vorstellung, in welche die rechtliche Erscheinung gefaßt wird, ist eine andere geworden". Die Frage ist daher nur die, ob auch das S. V. als Zweckvermögen unter diese sogenannten juristischen Personen zu rechnen ist. Diese Frage wird bejaht auf Grund folgender Erwägungen: „Bei den anerkannten juristischen Personen liegen jedesmal folgende Voraussetzungen vor: 1. Sie bestehn aus einem durch einen einheitlichen Zweck objektiv gebundenen Komplex; 2. sie haben kein physisches Subjekt. Da nun diese beiden Voraussetzungen bei dem S. V. zutreffen, so steht der Auffassung, welche auch dieses als sogenannte juristische Person betrachtet, ein weiteres Hindernis nicht entgegen."

Da aber nicht zu verkennen ist, daß die staatliche Verleihung beziehungsweise Genehmigung sich nicht ohne weiteres beiseite schieben läßt, so muß sich die mitgeteilte Theorie mit diesem Erfordernis abfinden. Das geschieht wie folgt: „Die drei Arten des bei der Enstehung juristischer Personen in Betracht kommenden Staatsaktes beruhn nicht auf einem gemeinsamen Rechtsgedanken. Die Genehmigung, Verleihung und Eintragung in das Vereinsregister unterscheiden sich dadurch von einander,

---

[1]) Isay, a. a. O.

daß bei den ersten zwei ein Willensakt des Staates, bei den letzteren dagegen nur eine Ordnungsmaßregel vorliegt, weil hier die Eintragung erfolgen muß, wenn die sonstigen Bedingungen erfüllt sind."

Es wird dann weiter ausgeführt, daß das Rechtssubjekt schon vor der Eintragung bestehe und daß es als sein erstes Recht die Eintragung in das Register verlangen könne. Hieraus wird dann der Schluß (!) gezogen, daß nach dem BGB. ebensowenig wie nach gemeinem Recht die Staatsgenehmigung eine Vorbedingung für die Rechtsfähigkeit der Zweckvermögen sei, soweit sie nicht ausdrücklich in einzelnen Fällen verlangt werde.

Diese ganzen Deduktionen erscheinen aber mehr als gewagt. Nach der Kodifikation des BGB. wird man unter Hinzufügung der übrigen einschlägigen Reichsgesetze (namentlich die Handelsgesellschaften betreffend) an einer geschlossenen Zahl der juristischen Personen festhalten müssen. Dagegen wäre es mit Hilfe des etwas verschwommenen Begriffs des Zweckvermögens möglich, alle denkbaren Gebilde unter den Begriff der juristischen Person zubringen.[1])

[1]) Was insbesondere die Gegenüberstellung des Eintragungsprinzips und des Genehmigungs- bzw. Verleihungsprinzips angeht, so ist der Unterschied tatsächlich gar nicht so bedeutsam, wie ihn Isay hinstellt. Auch bei einzutragenden Vereinen begegnet uns mit Rücksicht auf die verfolgten Zwecke mehrfach ein verkapptes Konzessionssystem. cf. 61 II BGB.

Nach der ganzen Darstellung scheint für Isay überhaupt eine juristische Person des öffentlichen Rechts in Frage zu kommen. S. 414 heißt es wörtlich: „Es handelt sich um Aufgaben öffentlichen Charakters, deren Lösung jedoch nicht der Staat, sondern die freiwillige Tätigkeit Einzelner im Dienste der Gesellschaft in die Hand nimmt". Selbst wenn dies zuträfe, hinderte es uns nicht, wie Kleemann richtig bemerkt (a. a. O. S. 43), in dem Spendungsakt den zivilrechtlichen Vertrag zweier Privatleute zu sehn, dessen juristische Natur durch die Konstruktion des S. V. als juristische Person nicht erklärt würde. Zudem gibt es aber viele private S. U., bei denen von einem öffentlichen Interesse nicht gesprochen werden kann. Erwähnt sei noch, daß Strohal (Jherings Jahrb. Bd. 34 S. 336 f) bei seiner Besprechung des Entwurfs eines BGB. de lege ferenda bemerkt, man müsse an die Bestimmungen über die Stiftung einen Paragraphen des Inhalts anschließen, wonach auf S. V. die Vorschriften über Stiftungen keine Anwendung finden sollen. Hierdurch wäre die Möglichkeit der

Um von der staatlichen Genehmigung oder von der Eintragung absehen zu können, muß eine doppelte These aufgestellt werden: einmal, daß die staatliche Genehmigung konstatierende, nicht konstituierende Wirkung habe, ferner, daß speziell beim S. U. eine staatliche Aufsicht weniger nötig sei als bei den anderen juristischen Personen. Die Unrichtigkeit der ersteren Behauptung ergibt sich aus den §§ 21 und 80 BGB. Die zweite kann man nicht gerade als falsch bezeichnen, aber auch im Fall ihrer Annahme ist für die Eigenschaft des S. V als juristische Person nichts bewiesen.

Ferner ist bei der besprochenen Theorie sehr auffallend die vollständige Zurückdrängung irgend welchen Einflusses der Spender. Sollen sie etwa ruhig mit ansehen müssen, wie Mißbrauch mit dem S. V. getrieben wird? Eine wichtige Frage bleibt auch insofern unbeantwortet, als die Organe der „juristischen Person" uns nicht bezeichnet, und ihre Befugnisse nicht abgegrenzt werden. Endlich läßt sich hier wie bei der Stiftungstheorie der Zweifel aufwerfen, wann die juristische Person zur Entstehung kommt und wann sie aufhört. Alles in allem, auch diese Theorie kann uns nicht befriedigen.

C. Im Anschluß hieran bleiben noch einigen Mischtheorien zu erwähnen, die sich im wesentlichen auf den vorbeschriebenen Ansichten aufbauen.

I. Leonhard[1]) redet von „verkannten juristischen Personen", denen er auch das S. V. zuweisen will. Dieselben seien vom BGB. geordnete Rechtsverhältnisse, die von ihm nicht den juristischen Personen beigezählt würden, obgleich sie die Begriffsmerkmale dieser Gebilde an sich trügen. Sie dienten der

Bildung solcher S. V. ohne staatliche Genehmigung und ohne Aufnahme des für das Stiftungsgeschäft geforderten gerichtlichen oder notariellen Akts wenigstens indirekt anerkannt. Dieser Vorschlag Strohals zielte also auf nichts weniger ab als neben den im Entwurf vorgesehenen und jetzt in das BGB. aufgenommenen zwei Arten von juristischen Personen, nämlich den Vereinen und Stiftungen, noch eine dritte Art zuzulassen, die ohne Form ins Leben gerufen werden werden könnte; die Kommission hat sich dem nicht anschließen können.

[1]) Ders. Der allgemeine Teil des BGB. Bd. I S. 110.

Fürsorge für verwaiste Vermögen, die Ausschließung derselben von den juristischen Personen beruhe auf einer Ansicht, nicht auf einer Absicht; jedenfalls seien sie nicht den Stiftungen zuzurechnen, was sehr zweckwidrig wäre; es müsse vielmehr jede dieser Erscheinungen, da allgemeine Vorschriften nicht existierten, nach ihrem besonderen Rechte behandelt werden.

Gerade aus der letzteren Aufstellung dürfte aber hervorgehen, daß die dargelegte Theorie uns bei Lösung des Problems keine praktische Handhabe bietet. Sie ersetzt die eine Schwierigkeit durch die andere; das Wort S. V. durch einen anderen Ausdruck.

II. Der Vorstellung Leonhards kommt sehr nahe Kohler,[1]) der die S. V. unter die stillschweigenden (konstruktiven) juristischen Personen rechnet. Es sind das nach seiner Ansicht solche juristische Personen, die nicht besonders begründet werden, sondern von selber durch die Entwicklung der Verhältnisse entstehen, und zwar „weil die Ausführung der Gedanken der Rechtsordnung nur durch Vermittlung einer juristischen Person erfolgen kann, so daß die juristische Person ein notwendiges Hilfsmittel ist zur Erreichung rechtlicher Ziele".

Speziell handle es sich bei dem S. U. um ein im Entstehen begriffenes Etwas. Eine solche konstruktive juristische Person unterscheide sich von den gewöhnlichen juristischen Personen des BGB. sehr wesentlich. Und zwar namentlich in zwei Beziehungen: einmal hätten naturgemäß alle Vorsichtsmaßregeln, welche das BGB. in bezug auf die ausdrücklichen, beliebig zu schaffenden Personen festsetzt, hier keinen Zweck, da die konstruktiven juristischen Personen keine willkürliche Schöpfungen des Menschen, sondern die unmittelbaren Ergebnisse einer juristischen Konstruktion seien, die das BGB. von selber notwendig mache. Und sodann seien sie nur in dem Umfange rechtsfähig, als dies der Zweck der konstruktiven Verwendung erfordere.

Was nun zunächst den ersten Gesichtspunkt angeht, so

---

[1]) Jos. Kohler, Lehrb. d. BGB. Bd. I.
Ders. in Holtzendorff — Jurist. Encyklopädie I S. 574.

kann man doch berechtigterweise zweifeln, ob nicht die S. U. gerade durch menschliche Initiative zu schaffen sind, und zwar sogar leichter als die im BGB. und sonst geregelten juristischen Personen. Der mitgeteilten Behauptung widerspricht die fast mit jeder Woche steigende Anzahl von S. U. Die Menschen fühlen sich weit eher dazu berufen, ein S. U. in die Welt zu setzen als die Schaffung einer ausdrücklichen „juristischen Person" zu übernehmen, die meist Gegenstand langer vorbereitender Arbeiten und organisatorischer Entwürfe ist. Hätten wir es bei den S. U. mit der Gründung einer juristischen Person zu tun, so wäre nicht abzusehen, warum nicht auch hier Vorsichtsmaßregeln im Interesse der Öffentlichkeit wünschenswert wären, da sicherlich auch in dieser Form staatsgefährliche Umtriebe genährt werden können.[1])

Und bezüglich des zweiten Punktes, der im Sinne seines Urhebers offenbar eine Beschränkung darstellen soll,[2]) wäre zu erwägen, daß gerade infolge der nach Maßgabe des Zwecks abgestuften Rechtsfähigkeit der so konstruierten juristischen Person eine für den Rechtsverkehr unbrauchbare und gefährliche Einrichtung geschaffen würde.

IV. Einen im Ergebnis ähnlichen Standpunkt wie den bisher dargelegten nimmt Hölder[3]) ein, der allerdings von ganz anderen Grundanschauungen über die juristische Person ausgeht. Nach seinen de lege ferenda höchst beachtenswerten Ausführungen gehören nämlich die juristischen Personen mit Ausnahme des rechtsfähigen egoistischen Vereins durchweg dem Gebiet des öffentlichen Rechts an. Sie haben alle ein Gebiet amtlichen Waltens. Liegt ein solches Gebiet sowie das Amt vor, so kann eine juristische Person existieren, muß es aber nicht.

---

[1]) Vgl. Schultze, a. a. O. S. 37. — Dagegen Isay, a. a. O. S. 445 und § 16 des Reichspreßgesetzes.

[2]) Man könnte eher von einer Erweiterung des Begriffs der juristischen Person sprechen, da durch Kohlers Konstruktion die Möglichkeit von zweckbeschränkten juristischen Personen neben den gewöhnlichen juristischen Personen konstatiert würde.

[3]) Hölder, Natürliche und juristische Personen, S. 301 f.

Dagegen ist eine solche nicht möglich im Fall einer lediglich privaten Anstalt, Einrichtung oder Organisation. [1])

„Nennt man das Gebiet amtlicher Vermögensverwaltung kurz Amtsvermögen, so haben wir zu unterscheiden zwischen solchem Vermögen, das in Gemäßheit seiner Bestimmung Amtsvermögen ist, und solchem Vermögen, das in Gemäßheit jener Privatvermögen, aber aus einem bestimmten Grunde auf so lange, als er zutrifft, also nur interimistisch Amtsvermögen ist, was gilt nicht nur von dem Vermögen, dessen Verwaltung dem Vormund oder Pfleger seines nominellen Subjekts zukommt, sondern auch von dem durch einen Testamentsvollstrecker oder Nachlaßpfleger verwalteten Nachlasse." (Hölder S. 313.) Wo ein solches interimistisches Amtsvermögen existiert, da ist zwar keine juristische Person, aber ein dieser verwandter Fall gegeben.

Ein solches interimistisches Vermögen ist nun nach Hölder auch das S. V. Eine gewisse amtliche Fürsorge, z. B. für Verunglückte, ist es danach, zu welcher sich die Veranstalter des S. U. öffentlich erboten haben, und die ihnen zugewendeten Gelder oder anderen Gegenstände sind ihnen anvertraut als Objekt ihrer amtlichen, zu jenem Zweck zu verwendenden Macht. Da nach § 1914 BGB. trotz des Wegfalls der zur Verwaltung und Verwendung berufenen Personen, die Verwaltung und Verwendung, zu der sie berufen waren, nicht wegfällt, sondern vielmehr eine solche ist, für die das Gemeinwesen durch Bestellung eines Pflegers sorgen kann, so soll hieraus folgen, daß die Verwaltung und Verwendung des Vermögens zum bestimmten Zwecke nicht

---

[1]) Zur Veranschaulichung sagt H. (S. 306 f.): „Ich kann innerhalb meines privaten Rechtsgebietes die verschiedensten juristischen Einrichtungen und Organisationen treffen, ich kann aber nicht bewirken, daß diese Einrichtungen maßgebend sind für Dritte. Ich kann nicht machen, daß der Dritte, der etwas von mir zu fordern hat, anstatt sich an mich halten zu können, sich an den von mir bestellten Vertreter halten muß, dem nach der von mir getroffenen Einrichtung die Besorgung der bestimmten Angelegenheit zukommt. Ist aber eine juristische Person geschaffen, so ist dies eine für Dritte maßgebende Einrichtung." Vgl. auch Annalen des deutschen Reichs, 39. Jahrg. 1906 Heft 6. E. Jaeger über Hölders obenbezeichnete Monographie.

eine solche war, wozu jene Personen als Eigentümer verpflichtet waren, daß vielmehr gleich der Pflicht, so auch die Macht ihnen als ein Amt zukam, dessen erneute Besetzung das Gemeinwesen nach dem Wegfall seiner bisherigen Träger vollzieht.[1])

Aber auch mit dieser Theorie vom S. V. als interimistischem Amtsvermögen ist m. E. wenig gewonnen. Sie führt allerdings zu der richtigen, aber auch auf anderem Wege zu begründenden Feststellung, daß die Sammler kein Eigentum am S. V. haben. Schon bedenklicher ist die Folgerung, daß der einzelne Spender ebensowenig wie die Gesamtheit der Spender einen Anspruch auf Ausführung des Sammelzwecks gegen den Sammler hat. Und endlich ist es noch keineswegs ausgemacht (wie im Sinn dieser Theorie liegen würde), daß die Sammler zur Verwaltung und Verwendung nicht mehr berufen sind, wenn sich ergibt, daß ihnen das Vertrauen zu Unrecht geschenkt wurde. Aber abgesehen von alledem: Die Theorie läßt uns über das juristische Verhältnis zwischen Spender und Sammler noch vollständig im Unklaren. Daß für die sich hier bietenden Lücken die Vorschriften des BGB. über juristische Personen eingreifen sollen, ist nicht anzunehmen. In diesem Falle ist aber mit der bloßen Bezeichnung „interimistisches Amtsvermögen" auch nicht viel erreicht. Wir können hier am besten auf die Worte Regelsbergers[2]) verweisen, daß es sich nämlich bei denjenigen, welche das S. V. als juristische Person auffassen oder es als solche wenigstens behandelt wissen wollen, nur um einen konstruktionellen Notbehelf handelt, der sehr bequem ist, aber nicht viel zur Klärung des Verhältnisses beiträgt. „Werfen wir bei der juristischen Person die Person über Bord, so geraten wir in eine nahezu uferlose See und landen bestenfalls bei der Zweckvermögenstheorie, die sich aber in dem Ausbau durch ihren Schöpfer und geistvollsten Vertreter das Urteil selbst gesprochen hat."

[1]) Hölder gibt dem § 1914 hiermit wohl eine nicht unbedenkliche Tragweite. Vgl. auch Boethke, in den Beiträgen z. Erl. d. deutsch. Rechts (Gruchot) Bd. 50 S. 703.

[2]) Derselbe in Jherings Jahrb. Bd. 36 S. 471 u. Pand. I S. 236, 297.

Zweiter Abschnitt.

EIGENE THEORIE.

I. DIE THEORIE ÜBER DAS SPENDUNGSGESCHÄFT.

§ 14.

DAS SPENDUNGSGESCHÄFT ALS REALSPENDE.

Alle bisher besprochenen Theorien erwiesen sich als ungeeignet, die juristische Natur des Sammelgeschäfts zu erklären; sie widersprechen auch vielfach in ihren Folgerungen den Tatsachen des Lebens, so daß man sich des Eindrucks nicht erwehren konnte, als sei das betreffende Rechtsinstitut jedesmal nur deshalb zur Erklärung herangezogen, weil man ein besseres, der Sachlage in allen ihren Teilen entsprechenderes nicht finden konnte.

Die meisten Theorien halten zudem nicht scharf genug die dingliche und die obligatorische Seite des Geschäfts auseinander. Viele behandeln überhaupt nur die obligatorische Seite desselben, die dingliche Wirkung der Übergabe der Spende wird je nach dem zugrunde liegenden obligatorischen Vertragsverhältnis als Eigentumsübergang auf den Sammler oder als Verbleiben des Eigentums beim Spender aufgefaßt. Ein scheinbarer Fortschritt in dieser Hinsicht wird dadurch von manchen Schriftstellern erreicht, daß sie unter Anpassung an die tatsächlichen Verhältnisse mit Hülfe einer fiduziarischen Beredung den Übergang eines zweckbegrenzten Eigentums herbeiführen zu können glauben. Die Annahme eines dinglich wirkenden fiduziarischen Geschäfts erwies sich jedoch als unvereinbar mit den Grundsätzen des Sachenrechts.

Um die rechtliche Natur des Spendungsgeschäftes bestimmen zu können, wollen wir uns vorerst noch einmal den tatsächlichen Vorgang beim Sammeln deutlich vor Augen führen: Infolge der Aufforderung des Sammlers, die sowohl an den Einzelnen wie auch an die Allgemeinheit sich richten kann, übergibt der Spender dem Sammler eine Gabe, die zur Verwirklichung des Sammelzwecks beitragen soll. Dem Spendungsgeschäft, wie es Spender und Sammler abschließen, liegt eine bestimmte, in allen Fällen gleiche Vertragsabsicht zugrunde; es bildet einen einheitlichen Geschäftstypus und ist daher nicht etwa je nach den Umständen des einzelnen Falles nach den verschiedenen Bestimmungen über Schuldverhältnisse zu regeln.[1]) Die Vertragsabsicht der Parteien ergibt sich aber aus der Beantwortung der zwei Fragen: Was will der Spender, und was kann der Sammler? Der Spender will durch die Hingabe der Spende den vom Sammler bekannt gemachten Zweck fördern helfen. Die Hingabe an den Sammler erfolgt lediglich aus ökonomischen Rücksichten, denn der Spender überhebt sich dadurch vieler Arbeit und Verantwortung. Des Sammlers Arbeit ist dagegen eine freiwillig übernommene, die durch das Hinzutreten von mehr oder weniger Gaben in der Regel nicht sehr verändert wird. Für die freiwillige Übernahme einer Arbeitslast will der Sammler aber auch frei von Beeinflussungen Dritter so schalten und walten können mit den Spenden, wie er es sich im Sammelzweck zum Ziel gesetzt hat. Behalten wir diese Gesichtspunkte im Auge, so gelangen wir zu folgendem Ergebnis:

I. Dingliche Rechtsverhältnisse.

1. Von einer Dereliktion der Gaben seitens der Spender kann nicht die Rede sein; es muß also das Eigentum an den Gaben entweder auf den Sammler übergehn oder bei dem Spender verbleiben. Die Tradition seitens des Spenders bewirkt nun nicht den Eigentumsübergang der Gaben auf den Sammler. Dies liegt nicht in der Absicht und nicht im Interesse des Spenders, der von der Vorstellung ausgeht, daß er trotz Übergabe der Spenden an denselben noch Rechte besitzt, die erst dann endgültig erlöschen, wenn der Sammelzweck erreicht ist. Der Spender ist nach Hingabe der Spende nicht bloß moralisch, sondern auch rechtlich an ihrem Schicksal interessiert. Ein solches Interesse pflegt dann nicht vorhanden zu sein, wenn die endgültige Ausscheidung einer Sache aus dem Vermögen

---

[1]) So Planck, a. a. O.

einer Person kraft Eigentumsübertragung stattgefunden hat. Auf Grund des bei seiner Person verbleibenden Eigentumsrechts hält sich der Spender mit Recht für befugt, im Falle mißbräuchlicher Verwendung durch den Sammler oder im Fall der Unmöglichkeit des Sammelzwecks die Gabe zurückzufordern.

Besonders wichtig wird die Frage des Eigentums bei Geldspenden, die ja wohl am häufigsten vorkommen. Durch die Vermischung der vielen in der Hand des Sammlers zusammenlaufenden Geldspenden geht das ursprüngliche Eigentum an ihnen unter, und es tritt an die Stelle Miteigentum aller Spender. Jeder einzelne Spender erhält an Stelle seines Alleineigentums eine Quote am Miteigentum nach Verhältnis der von ihm gespendeten Summe.[1]) (BGB. §§ 741 f.)

Ein anderer wichtiger, aber weit seltenerer Fall ist der, daß jemand zugunsten eines S. U. ein Grundstück hergibt, auf dem z. B. eine Findelanstalt oder ein Denkmal errichtet werden soll. Auch hier gibt der Spender das Eigentum am Grundstück bis zur Genehmigung der Stiftung bzw. bis zum Abschluß der Sammlung und Übergabe z. B. des Hauses, Denkmals an die betr. Gemeinde nicht auf. Erst an diesem Tage nimmt er die Auflassung vor. Das Verwaltungsrecht des Sammlers kommt in der Zwischenzeit am Grundstück zur vollen Geltung; er kann das Grundstück für jeden anderen Gebrauch auch dem Eigentümer gegenüber sperren, dagegen wird sein Verfügungsrecht, teils, weil dasselbe sich bloß innerhalb des Sammelzwecks äußern kann, teils, weil er der bücherlichen Legitimation entbehrt, von kaum bemerkbarer Bedeutung sein. Wie sich dieses dem Spender verbleibende Eigentumsrecht noch in anderen Richtungen äußert, soll späterhin ausführlich erörtert werden.

2. Dieses Eigentumsrecht des Spenders gestaltet sich aber gegenüber den weitgehenden Befugnissen des Sammlers beinahe zu einem „nudum ius proprietatis". Um den Sammelzweck verwirklichen zu können, muß der Sammler nicht bloß das durch seine Tätigkeit ins Leben gerufene S. V. verwalten, sondern auch

---

[1]) Crome, System des BGB. Bd. III S. 36 d.

darüber verfügen können. Dieses Verwaltungs- und Verfügungsrecht macht der Sammler zur unumgänglichen Voraussetzung der Annahme von Spenden, denn ohne dasselbe wäre seine Tätigkeit lahm gelegt. Dieses Recht des Sammlers stellt sich nun seinem inneren Wesen nach als ein begrenztes dingliches Recht dar,[1]) das bei der Realspende mit der Tradition der Gabe zustande kommt und auch an die tatsächliche Gewalt über dieselbe gebunden ist.

Es ist in zweierlei Weise beschränkt; einmal in persönlicher Hinsicht: es ist unvererblich, unübertragbar und unpfändbar. Sodann in sachlicher Hinsicht: es kann nur ausgeübt werden zur Verwirklichung des Sammelzwecks.

Zur Klarstellung seines Wesens möge ès in Folgendem kurz verglichen werden mit dem gesetzlichen Verwaltungs- und Verfügungsrecht[2]) des Ehemanns am eingebrachten Gut der Frau (BGB. § 1376) sowie dem Recht des Inhabers der elterlichen Gewalt am Kindesvermögen (BGB. §§ 1627 f., 1649, 1668). Es hat mit den genannten Rechten eine Ähnlichkeit insofern, als dort, wie beim Sammelgeschäft, eine Person, ohne Eigentümerin zu sein, über ein bestimmtes Vermögen verfügen und dasselbe verwalten darf, allerdings nur in ganz festbestimmten Grenzen. Nur

---

[1]) Das BGB. kennt den Ausdruck „dingliches Recht“ nicht. — Nach Fuchs ist dingliches Recht soviel wie absolutes Recht. (Fuchs, Komm. zur GBO. S. 26 f.) Nach Staub (in Kohlers Arch. f. bürg. R. Bd. 5 S. 13) ist „der Inhalt des dinglichen Rechts die Befugnis das Schicksal einer Sache zu bestimmen. Der Unterschied der dinglichen und persönlichen Rechte liegt in der verschiedenen Art des Rechtsinhalts“. — Die wahre Natur des dinglichen Rechts läßt sich nur im Gegensatz zum obligatorischen Recht bestimmen. Es sind drei Hauptmerkmale, die dem dinglichen Recht eigentümlich sind: 1. Kraft des dinglichen Rechts kann die Sache von jedem Dritten, der sie vorenthält, beansprucht werden. 2. Dingliche Rechte sind grundsätzlich auf die Dauer berechnet. 3. Dingliche Rechte sind Zustandsrechte. (Forderungsrechte sind Verkehrsrechte) vgl. Kisch, Vorles. über Sachenrecht.

[2]) Der Ausdruck „Verwaltungs- u. Verfügungsrecht“ ist ein pleonastischer; das Verfügungsrecht ist nur ein Teil des Verwaltungsrechts; es sind also die beiden Begriffe nicht koordiniert sondern subordiniert zu denken.

geht es weiter als jene Rechte, insofern als der Sammler innerhalb des Sammelzwecks alles tun kann, was diesen Zweck zu fördern geeignet ist, während Ehemann und Vater immerhin durch die Vorschriften der §§ 1373 f. wesentlich eingeschränkt werden.

Wie jene beiden ist auch der Sammler an die Grundsätze einer ordnungsmäßigen Verwaltung gebunden. Während die genannten Verwaltungspersonen neben dem Verwaltungs- und Verfügungsrecht auch ein Nutznießungsrecht haben, ist ein solches bei dem S. V. völlig ausgeschlossen.

Auch die Rechte des Ehemanns und des Vaters sind, ebenso wie die des Sammlers, begrenzte dingliche Rechte an dem ihrer Verwaltung unterstellten Vermögen. Hinsichtlich der beiden letztgenannten Rechte ist diese Ansicht schon mehrfach vertreten worden[1]) im Gegensatz zu der auch heutzutage herrschenden Lehre vom „numerus clausus" der dinglichen Rechte. Dieses römisch-rechtliche Prinzip von der geschlossenen Zahl der dinglichen Rechte kann nach dem Geist des BGB. nicht mehr als bestehend anerkannt werden.[2]) Es ist zunächst einmal durch

---

[1]) Gierke, O. Der Entwurf eines BGB. und das deutsche Recht, S. 280, 286. Ders., Deutsches Privatrecht Bd. II S. 351, 360. — Fuchs F., in Gruchots Ztschrft. Bd. 46 S. 550 f. — Ders., Komm. zur GBO. S. 26 f. — Staub, H., in Kohlers Arch. f. bürg. R. Bd. V S. 13. — Schultze, A., in Jherings Jahrb. Bd. 43 S. 25 f. — Schlegelmilch, Das fiduziarische Rechtsgeschäft, S. 15 f. — Cosack, Lehrb. d. BGB. Bd. II S. 1 u. 2, S. 476. — Eine Mittelstellung nehmen ein: Eck, Vorträge Bd. II S. 415. — Schilling in Kohlers Archiv, Bd. 19, S. 251. — Endemann, Lehrb. d. BGB. Bd. II § 176 Anm. 42. — Dernburg, Lehrb. d. BGB. Bd. IV § 44 Anm. 1; § 41 Anm. 2, Bd. III S. 506. — Planck, Komm. Bd. III S. 4. — Vgl. dagegen Motive Bd. III S. 3 u. Protok. Bd. III S. 60.

[2]) Staub, a. a. O. S. 54: „So läßt der Dinglichkeitsbegriff bei keinem Institut im Stich. Auf seinem Fundament kann nicht bloß ein Gebäude ruhen, welches für eine geschlossene Zahl von dinglichen Rechten ein Heim bietet, sondern ein Gebäude mit ungezählten dinglichen Rechten". Und weiterhin: „Daß das römische Recht mit der geschlossenen Zahl der dinglichen Rechte den wirtschaftlichen Zuständen, die den Anschluß der Entwicklung von Jahrtausenden bilden, nicht entspricht, ist sicher".

die Vorschriften des Landesrechts, durch das Institut der „Vormerkung“ und die mit dinglicher Kraft ausgestatteten Reallasten durchbrochen worden. Ferner werden hierher gerechnet[1]) die „Näherrechte“ der Teilhaber bei einer Gemeinschaft zur gesamten Hand, sowie das im BGB. anerkannte Vorkaufsrecht des Miterben, weiterhin das Recht des Testamentsvollstreckers am Nachlaß.[2]) Alle diese begrenzten dinglichen Rechte —, man könnte sie analog der von Leonhard und Kohler bei den juristischen Personen gemachten Unterscheidung „verkannte“ dingliche Rechte nennen —, sind als Ausläufer germanischer Rechtsinstitute anzusehn, und zwar sind es teils Überreste alter Zeit, teils Erzeugnisse moderner Rechtsentwicklung, entstanden aus den deutschrechtlichen Prinzipien des Sachenrechts. Das deutschrechtliche Sachenrecht hatte in vielen Beziehungen weit umfangreichere Funktionen zu erfüllen als heutzutage, was zusammenhing mit dem beinahe völligen Fehlen einer Grenzlinie zwischen persönlichem und dinglichem Recht.[3]) Das Sachenrecht des BGB. beruht nun vorwiegend auf deutschrechtlichen Grundlagen; wenn auch seine Verfasser vielleicht davon ausgingen, die Zahl der dinglichen Rechte müsse eine geschlossene sein, so konnte doch durch ihr Bestreben der Gang der Rechtsentwicklung nicht aufgehalten werden.

Auch das Recht des Sammlers beruht auf dieser deutschrechtlichen Entwicklung des Sachenrechts und zwar ist es das modernste dieser begrenzten dinglichen Rechte, entstanden durch stetige Übung des typisch sich wiederholenden Sammelgeschäfts. Der nach § 1914 BGB. zur Verwaltung und Verwendung des S. V. berufene Sammler besitzt ein absolutes Recht, in dessen Ausübung ihn niemand, nicht einmal der Spender, trotzdem er Eigentümer seiner Gabe bis zur Erreichung des Sammelzwecks

---

[1]) Gierke, a. a. O.

[2]) Schultze, A., a. a. O.

[3]) Vgl. Gerber, Deutsches Privatrecht 17. Aufl. (herausg. von Cosack) S. 105 u. 277 und die dort zitierte Bemerkung Labands: „Das alte deutsche Recht kannte überhaupt nicht den Gegensatz zwischen persönlichem und dinglichem Recht“.

bleibt, stören darf. Dieses Recht des Sammlers kommt zur Entstehung mit der Einigung des Spenders und des Sammlers und der darauf erfolgenden Tradition der Spenden[1]) und es erlischt mit der Erreichung des Sammelzwecks.

II. Die obligatorischen Rechtsbeziehungen zwischen Spender und Sammler.

Die Spende zu einem S. U. hat zweifellos den Charakter einer unentgeltlichen Verfügung seitens des Spenders. In dem Vertrag, den Spender und Sammler miteinander abschließen, verspricht der Spender die Hingabe einer Sache zu einem bestimmten freigebigen Zweck, und der Sammler verspricht seinerseits den ihm übertragenen Gegenstand so zu verwalten und so darüber zu verfügen, daß der Sammelzweck möglichst gefördert wird. Die Offerte zu diesem Vertrag geht nicht etwa vom Sammler, sondern vom Spender aus. Die Folge hiervon ist, daß der Sammler zu entscheiden hat, ob er eine Gabe annehmen oder ablehnen will.

Fragen wir nun nach dem Zweck des Geschäfts, so finden wir eine besonders geartete causa, die auf dem Gebiet der Liberalität liegt, und die wir im Folgenden kurz die Spendungskausa nennen wollen. Dieselbe ist zunächst keine entgeltliche (wirtschaftliche). Der Spender will nicht, wie etwa der Darlehnsgeber, eine Forderung auf Rückleistung erwerben. Er will sich nicht, wie etwa der Erfüllende, von einer Verbindlichkeit befreien, da er nicht gezwungen, sondern aus freien Stücken, die Leistung macht. Er will auch nicht, wie beim gegenseitigen Vertrag, eine Forderung auf die Gegenleistung erwerben. Der Spendungsvertrag ist, wie schon ausgeführt, kein gegenseitiger Vertrag. Es sollen nicht die Dienste des Sammlers die Gegenleistung für die Hingabe der Spende bilden. Sie erfolgt vielmehr grundsätzlich unentgeltlich; man könnte sogar geneigt sein, auch in der Tätigkeit des Sammlers einen Beitrag zum S. V. zu erblicken, der sich gewiß auch in Geld schätzen ließe. Der Zweck, den der Spender verfolgt, ist identisch mit dem, den der Samm-

---

[1]) Und zwar auch bei Immobilien.

ler im Auge hat. Die beiden Vertragschließenden arbeiten sich nicht entgegen, damit jeder seinen Zweck durch das Tun des anderen erreiche, sondern ihre Zwecke laufen parallel auf das eine gemeinsame Ziel hin: Die Verwirklichung des Sammelzwecks.

2. Die Liberalität der Spendungskausa legt den Vergleich mit der Schenkungskausa nahe. Daß sie beide sich nicht decken, ist bereits früher dargelegt. Ähnlichkeiten und Unterschiede werden namentlich in folgenden Richtungen bedeutsam:

a) Das Spendungsgeschäft hat mit dem Schenkungsgeschäft gemeinsam, daß es dem Leistenden keinen Gegenwert zuführt, ihm keine Vermehrung seiner Aktiva und keine Verminderung seiner Passiva bringt. Beide Geschäfte haben insofern für das Vermögen des Leistenden den gleichen Erfolg. Sie vermindern es ohne entsprechenden Gegenwert. [1]) Sie stimmen insofern überein, was die Person des Leistenden betrifft.

Wegen dieser Ähnlichkeit wird das Spendungsgeschäft, wie die Schenkung, nach den Grundsätzen der unentgeltlichen Verfügungen der Anfechtung unterliegen. Zweifellos kann der Spender durch Hingabe bedeutender Spenden, namentlich in Geld, seine Gläubiger erheblich schädigen, indem er durch Vermittelung der öffentlich bekannt zu gebenden Listen den Eindruck der Wohlhabenheit zu erwecken und seinen Kredit zu erhöhen sucht. Allerdings bleibt er dann noch, solange nicht der Sammelzweck verwirklicht ist, im Eigentum der Spende. Das Anfechtungsrecht der Gläubiger kann sich daher nur gegen die an den Sammler erfolgte Übertragung des begrenzten dinglichen Rechts an der Gabe richten. Ein so geartetes Anfechtungsrecht rechtfertigt sich aus dem Grundgedanken der Anfechtung

---

[1]) Gemeint ist das Äquivalent im Gegensatz zu dem Ersatz, der nicht durch ein Rechtsgeschäft, sondern nur durch ein Ereignis herbeigeführt wird. Vgl. Kisch, W. Wirkungen der nachträglich eintretenden Unmöglichkeit der Erfüllung, S. 199.

Unrichtig ist es auch, den Gegenwert in der „satisfaction morale" zu erblicken. Cf. das schon zit. Urteil des tribunal civil d'Oran in Dalloz, Jurispr. gén. 1903.

unentgeltlicher Verfügungen überhaupt: es soll nicht durch unwirtschaftliche Geschäfte das Vermögen zum Nachteil der Gläubiger vermindert werden.[1])

Eine andere Behandlung wäre hier vielfach faktisch unmöglich, würde jedenfalls durchweg zu unzweckmäßigen Ergebnissen führen.

Freilich unterliegt die Anfechtung einer doppelten Schranke. Einmal werden Spenden, durch deren Hingabe einer sittlichen Pflicht oder einer auf den Anstand zu nehmenden Rücksicht entsprochen wird, nicht mehr angefochten werden dürfen. Und andererseits wird die Gläubigeranfechtung (innerhalb und außerhalb des Konkurses) ausgeschlossen sein, wenn der Sammelzweck erreicht ist, z. B. wenn das S. V. unter die durch den Brand Geschädigten verteilt ist, oder wenn die Stiftung genehmigt ist.

b) Andrerseits unterscheidet sich die Spendungskausa doch in einer wesentlichen Beziehung von der Schenkungskausa. Sie hat nicht wie jene, zum Inhalte die Bereicherung des Empfängers. Sie zielt nicht auf dessen Person ab, sondern über diese hinaus auf einen gemeinnützigen oder wohltätigen Zweck. Sie will den liberalen Zweck nicht beim Empfänger, sondern außerhalb seiner Person. Sie betrachtet den Gegner nicht als den Destinatär, sondern als den Vermittler, dessen Person nicht als die zu begünstigende, sondern als die zum weiteren Zweck mitwirkende, dessen Vermögen nicht als Endziel der Gabe, sondern als Durchgangspunkt. Während also die Spendungskausa, wie unter a) dargelegt, bezüglich der Person des Leistenden,

---

[1]) Die Vertreter einer abweichenden Ansicht könnten vielleicht entgegenhalten, daß mit demselben Recht z. B. auch die Gläubiger die vom Schuldner als Mitglied eines Wohltätigkeitsvereins gezahlten Beiträge anfechten können. Dem ist aber nicht so. Solche Vereinsbeiträge sind nicht als unentgeltliche Verfügungen aufzufassen. Bei der Spende scheidet aus dem Vermögen des Spenders ein Gegenstand aus, ohne daß irgend ein Äquivalent an seine Stelle tritt; für den Vereinsbeitrag wird das Äquivalent jedoch durch das Vereinsmitgliedschaftsrecht gebildet. Außerdem sind die Vereinsbeiträge gewöhnlich unbedeutend und periodisch, so daß mit Beginn der Zahlungsunfähigkeit des Schuldners derselbe seine weiteren Beiträge ohne weiteres zurückbehalten kann.

mit der Schenkungskausa übereinstimmt, weicht sie von ihr auf das Wesentlichste ab, soweit die Person des Empfängers in Frage steht. Daraus ergeben sich zwei Folgerungen:

α) Ausgeschlossen ist ein Widerruf wegen Undanks analog der Bestimmung des § 530 BGB. Dies entspricht auch den tatsächlichen Verhältnissen. Der Sammler wird durch den Spender nicht bereichert, ist ihm also zu Dank nicht verpflichtet; der Bedachte aber ist beim Zw. S.-Unternehmen nicht vorhanden, beim P. S. U. kennt er meist den Spender nicht, ist also auch eines Undanks im Sinne des § 530 l. c. wohl nicht fähig.[1])

β) Spenden zu einem S. U. können bei Ergänzung des Pflichtteils nicht in Betracht kommen. Der Grundgedanke des Pflichtteilsrechts geht dahin, daß nicht ein drittes Subjekt auf Kosten des Pflichtteilsberechtigten einen Vermögensvorteil erziele. Die liberale Bereicherung des Dritten soll zurücktreten hinter diejenige der Personen, die dem Erblasser besonders nahe standen. Da aber beim Spendungsgeschäft keine Bereicherung des Sammlers, sondern ein gemeinnütziger oder wohltätiger Zweck erstrebt wird, so entfällt hier die oben dargelegte ratio.[2])

§ 15.

DAS SPENDUNGSGESCHÄFT ALS ZEICHNUNG.

Eine andere, weniger häufige Art, ein S. V. zusammenzubringen, ist die Zeichnung. S. V., die im Wege der Zeichnung gebildet werden, sind in der Regel Geld-S. U.

Was den Begriff „Zeichnung" anlangt, so könnte derselbe da-

---

[1]) Auch eine Rückforderung wegen Verarmung gemäß § 528 BGB. wird ausgeschlossen sein. Auch sie widerspräche den Lebensanschauungen. Zu beachten ist übrigens, daß die Spenden meist den Pflichtschenkungen sehr nahe stehn. Und jedenfalls könnte sie höchstens in Frage kommen, solange der Sammelzweck noch nicht erreicht ist.

[2]) Übrigens würde der Anwendung des Pflichtteilsrechtes vielfach der Zeitablauf des § 2325 II, jedenfalls als endgültiger Hinderungsgrund die Erreichung des Sammelzwecks entgegenstehn.

zu verleiten, immer ein schriftliches Versprechen anzunehmen. Dem ist aber nicht so, wie uns schon der Vorgang beim „Zeichnen“ zu erkennen gibt. Zeichnung ist das Einschreiben des Namens des Beitragenden in eine Liste und zwar entweder auf Grund mündlicher Zusage oder auf Grund eines das Beitragsversprechen enthaltenden Schreibens.[1]) Im ersteren Fall erfolgt die Eintragung in die, gewöhnlich in einem Verkaufsladen oder an einem sonstigen, dem Publikum zugänglichen Ort aufgelegte Liste, regelmäßig durch den Zeichner selber; sie kann aber auch durch den Sammler erfolgen. In dem letzteren Falle kann von einem schriftlichen Beitragsversprechen nicht die Rede sein, denn dieses setzt eine vom Zeichner unterschriebene Urkunde voraus; erfolgt die Eintragung durch den Zeichner selbst, so wird man nur dann von einem schriftlichen Versprechen reden können, wenn die Beitragsliste zugleich Angaben über die Höhe des zu spendenden Betrags, die Zeit der Entrichtung usw. enthält, die am Kopf der Liste vorgezeichnet sein können. Diese Angaben, verbunden mit dem eingetragenen Namen, können dann allerdings den Charakter eines schriftlichen Versprechens haben.[2])

Nicht nur der Realspende, sondern auch der Zeichnung liegt ein Vertrag zugrunde. Die Offerte zum Vertragsschluß geht hier vom Sammler aus, falls dieser sich an bestimmte Personen gewendet hat.[3]) Bei öffentlicher Aufforderung des Sammlers, Beiträge zu leisten, liegt jedoch bloß eine Einladung des Sammlers zur Abgabe von Offerten vor; aber nicht so sehr aus dem Grunde, weil der Sammler angebotene Gaben ablehnen darf, vielmehr deswegen, weil er es in der Hand haben muß, das

---

[1]) Kleemann, S. 39. — Regelsberger, Streifzüge S. 73; Ders. Pand. I § 87 S. 343.

Auch das Urteil des tribunal civil d'Oran v. 2. X. 94 (siehe Dalloz 1903 u. Journal le droit du 11 Oct. 1894) sagt: „La souscription est la soumission écrite, par laquelle on s'engage à contribuer à une entreprise, à une opération d'utilité publique ou privée, telle que la construction d'un monument, le soulagement ou la récompense d'un ou plusieurs individus“.

[2]) So auch Puchta u. Krückmann, a. a. O.

[3]) Abweichend Kleemann, a. a. O.

S. U. dem Sammelzweck entsprechend einzuschränken und im geeigneten Zeitpunkt abzuschließen, ein Recht, das ihm namentlich im Hinblick auf die mit der Größe des S. V. wachsende Arbeitslast und Verantwortlichkeit bei der Verwaltung gewährleistet werden muß.

Ein bindender Vertragsantrag kommt nun bei öffentlicher Aufforderung zu Zeichnungen bloß zustande, wenn er dem Sammler oder seinem Stellvertreter gegenüber erklärt wird, — und falls diese sich mit der persönlichen Entgegennahme dieser Offerten nicht abgeben, was regelmäßig der Fall ist, — mit der Einzeichnung in die an verschiedenen Orten für das Publikum aufgelegten Listen. Der Vertrag zwischen Spender und Sammler wird also jedesmal mit der Annahme der im ersten Fall vom Spender, im zweiten vom Sammler ausgegangenen Offerte perfekt.[1])

Dieser Zeichnungsvertrag ist ein dem tatsächlichen Spendungsakt vorausgehender Konsensualkontrakt,[2]) und das Verhältnis zwischen beiden ist etwa dasselbe wie zwischen dem pactum de mutuo dando und dem Darlehn selber oder zwischen dem Schenkungsversprechen und seiner Erfüllung. Dieser Vertrag hat bindende Kraft unter den Parteien,[3]) und wenn der Spender etwa die Erfüllung verweigern sollte, so hat der Sammler einen klagbaren Anspruch auf Zahlung des gezeichneten Betrags. Diese Bindung des Zeichners ist gerechtfertigt, denn man kann dem Sammler nicht zumuten, daß er Zeit und Arbeit für das S. U. aufwendet, um zuletzt, nachdem er ein bestimmtes Kapital für das S. U. zustande gebracht zu haben glaubt und die Sammlung abschließt, durch Leistungsverweigerung irgend eines Spenders die Verwirklichung des Sammelzwecks verzögert, erschwert oder gar vereitelt zu sehen. Ganz abgesehen davon, daß auch die übrigen Spender durch die Zahlungsweigerung eines der ihrigen in ihren Plänen empfindlich geschädigt, und dritte

[1]) Regelsberger, Streifzüge, S. 73.

[2]) Endemann, Lehrb. I § 106; § 183 (S. 1150 f.) Anm. 1. S. 616 f. (9. Aufl.)

[3]) Kleemann, S. 45. — Kiepert, S. 13. — Regelsberger, Streifzüge, a. a. O.

Personen durch einen solchen Vorfall leicht abgeschreckt werden können, einem S. U. überhaupt etwas zuzuwenden.

Die Widerruflichkeit der Zeichnung wird aus den angegebenen Gründen daher ausscheiden müssen. Dagegen bleiben die Anfechtungsgrundsätze wegen Irrtums oder Täuschung über den wahren Zweck des S. U. natürlich bestehen (BGB. §§ 123 f.).

Zur Erfüllung gelangt der Zeichnungsvertrag mit der Zahlung des gezeichneten Betrags an den Sammler bezw. dessen Vertreter. Eine Frist, binnen deren gezahlt werden muß, wird vom Sammler regelmäßig nicht gesetzt; die Gelder werden von dem Sammler, falls sie nicht freiwillig gebracht werden, eingezogen, sobald das S. V. diejenige Höhe erreicht hat, die die Verwirklichung des Sammelzwecks verbürgt.

§ 16.

DAS SPENDUNGSGESCHÄFT ALS BEITRAGSZUWENDUNG VON TODESWEGEN.

Denkbar ist auch der Fall, daß jemand durch letztwillige Verfügung einem S. U. eine Gabe zuwendet. Dies hat zur Voraussetzung, daß das S. U. bereits eingeleitet worden ist; möglich ist aber auch der Fall, daß der Erblasser den Beitrag einem S. U. aussetzt, das noch garnicht besteht, vielmehr durch diese Gabe des Erblassers erst ins Leben gerufen werden soll, so daß hier der Spender gleichsam der geistige Urheber des S. U. ist. Hinsichtlich beider Möglichkeiten sind verschiedene Theorien aufgestellt worden.

A. Betrachten wir zunächst den Fall, daß das S. U., dem die Gabe zugewendet wird, bereits besteht.

I. Kritik der Theorien.

1. Unter der Herrschaft des gemeinen Rechts hat man die Frage durch die Bemerkung zu lösen gesucht, es sei für die Gültigkeit des Spendungsgeschäfts ohne Belang, ob es unter Lebenden oder durch letztwillige Verfügung vorgenommen werde.

---

[1]) Isay in Jherings Jahrb. Bd. 36 S. 461. — Kleemann S. 59.

Verschaffe das Legat seiner Natur nach das Eigentum der vermachten Sache, so sei es den Gaben, verschaffe es nur eine Forderung an den Nachlaß, so sei es den Zeichnungen analog anzusehen. Nach dem BGB. hat diese Unterscheidung in eine dinglich und eine obligatorisch wirkende Zuwendung keinen Sinn mehr, da der Bedachte auf Grund des Vermächtnisses gegenüber dem Beschwerten ausnahmslos nur ein Forderungsrecht erlangt.[1])

Unbedenklich wird man auch zugeben können,[2]) daß einem S. U. nicht nur ein einzelnes Vermögensstück, sondern auch das ganze Vermögen einer Person wirksam zugewandt werden kann. Es besteht nun kein Anlaß, die Zuwendung des ganzen Vermögens juristisch anders zu behandeln wie die Zuwendung eines Vermögensteils,[2]) zumal doch die Höhe des Beitrags nicht entscheidend sein kann für die juristische Eigenschaft der Gabe. Richtig ist zwar,[3]) daß die Erbeinsetzung des Sammlers nicht notwendig den Gebrauch des Wortes „Erbe“ voraussetzt aber jedenfalls wird bei dem Erblasser der Wille den Sammler zum Erben zu machen, — und diesen Willen verlangt § 2084 BGB. —, nicht vorliegen.

Schon bei Erörterung der Realspende (Gabe) wurde hervorgehoben, daß es nicht in der Absicht des lebenden Spenders liege, dem Sammler das Eigentum an der Gabe zu übertragen. Ebenso will auch der Erblasser dem Sammler nicht die unbegrenzte Verfügungsmacht über sein Vermögen dadurch verschaffen, daß er ihn zum Erben desselben einsetzt. Umsoweniger, als ihm doch andere Wege zur Förderung des Sammelzwecks offen stehen. Die Erbeseinsetzung der Sammler würde denselben eine noch größere Macht übertragen, als sie sie bei Spenden unter Lebenden durch Erlangung des Eigentums am S. V. inne hätten, weil sie im letzteren Falle durch die lebenden Spender auch bei Über-

---

[1]) Der Unterschied zwischen Damnations- und Vindikationslegat ist vom BGB. nicht beibehalten worden. Vgl. Windscheid-Kipp, Pand. Bd. III § 646 Ziff. 1 u. § 647 Ziff. 2.

[2]) Strohal in Jherings Jahrb. Bd. 34 S. 339.

[3]) A. M. Kleemann S. 60.

[4]) Kleemann, a. a. O.

gang des Eigentums einer gewissen Kontrolle unterzogen werden könnten.

2. Nach einer anderen Theorie[1]) ist bei der juristischen Behandlung der letztwilligen Zuwendung zugunsten eines S. U. hauptsächlich die Unterscheidung von Bedeutung, ob es sich um ein P. S. U. oder ein Zweck-S. U. handelt. Welche von beiden Arten von S. U. vorliege, sei lediglich nach dem Willen des Erblassers zu entscheiden, wobei meist das Testament oder der Erbvertrag einen Anhalt gewähre. Liege ein P. S. U. vor, d. h. habe der Erblasser mehr die Begünstigung des Empfängers als die Förderung des Zwecks im Auge, so dürfte der bedachte Erbe bezw. Vermächtnisnehmer sein. Das letztwillig Zugewandte werde ihm jedoch nicht sofort ausbezahlt, sondern nach dem Willen des Erblassers zunächst mit den Spenden der übrigen Spender in der Hand des Sammlers zum S. V. vereinigt. Handle es sich also um einen Teil des Nachlasses, so übertrage der mit dem Vermächtnis beschwerte Erbe die bezeichnete Summe auf den Sammler mit der Verpflichtung sie dem Bedachten auszuhändigen, d. h. er werde dem Sammler gegenüber zum gewöhnlichen Spender. Im Verhältnis zum Bedachten dagegen behalte er die Stellung des mit dem Vermächtnis beschwerten Erben, der sich zur Erfüllung dieser Verbindlichkeit der Vermittlung des Sammlers bediene.

Falle dagegen der ganze Nachlaß dem S. U. zu, so würden die Bedachten als Erben unmittelbar Eigentum desselben. Die Sammler nähmen ihn jedoch gewissermaßen als Testamentsvollstrecker in Besitz und vereinigten ihn mit dem S. V. Da letzteres nach dem Zweck des ganzen S. U. als Hauptsache anzusehn sei, so gehe der Nachlaß damit in das Eigentum der Sammler über. Die Bedachten behielten teils als Erben, teils als Forderungsberechtigte aus dem Spendungsvertrage einen persönlichen Anspruch gegen die Sammler auf Ausantwortung des S. V.

Lege dagegen der Erblasser auf die Begünstigung des

---

[1]) Kiepert, S. 41.

Empfängers gar keinen Wert, liege also ein sogen. Zweck-S.U. vor, so könne man nicht umhin, die Sammler nach Art von Erben bzw. Vermächtnisnehmern zu behandeln, die mit einer Auflage beschwert sind. (BGB. § 1940, 2192.) Da die Vollziehung hier im öffentlichen Interesse liege, so könne der Staat sie im Notfall erzwingen (BGB. § 2194). Das letztwillig Zugewandte werde mit den Spenden zum S. V. vereint und späterhin dem Sammelzweck zugeführt.

Diese Theorie krankt von vorneherein an der von uns schon in der Einleitung dieser Abhandlung als unlogisch hingestellten Unterscheidung in P. S. U. und Zweck-S. U. Sie ist aber auch insofern unklar, als sie bei den sogen. P. S. U. Beziehungen zwischen Erblasser und Bedachten schafft, wie sie den tatsächlichen Verhältnissen nach gar nicht bestehn können, weil „die Bedachten" in der Mehrzahl der Fälle keine bestimmten Personen darstellen, sondern meist erst durch den Sammler nach mehr oder weniger freiem Ermessen ausgesucht werden. Warum soll ferner die Erbenstellung der Bedachten gerade an den Erwerb des ganzen Nachlasses geknüpft sein, während sie etwa in dem Falle ausgeschlossen wäre, daß ein entfernter Verwandter vielleicht einen geringfügigen Teil des Nachlasses erhält. Und wenn nun der Erblasser noch verschiedene Vermächtnisse aussetzte: sollen diese durch den Bedachten nach Erlangung des S. V. oder schon vorher durch den Sammler ausgeführt werden? Seltsam ist ferner, daß die Bedachten zwar sofort Eigentümer des Nachlasses werden, die Sammler denselben aber gleichwohl vorher noch in Besitz nehmen und nach Belieben dem Einzelnen eine große oder kleine Gabe ausantworten können, während nach den Grundsätzen von der Erbengemeinschaft (BGB. § 2032 f.) jeder Erbe, also hier jeder Bedachte über seinen Anteil am Nachlaß verfügen sowie jederzeit die Auseinandersetzung verlangen kann. Wie stände es ferner mit der Haftung der Erben für Nachlaßverbindlichkeiten? Auf alle diese Fragen gibt die vorstehend geschilderte Theorie überhaupt keine oder eine unbefriedigende Antwort.

II. Man wird daher, um nun unsere eigene Theorie darzustellen, davon ausgehn müssen, daß auch im Fall der letztwilligen Zuwendung einer Gabe der Sammler nicht größere Machtbefugnisse haben soll, wie bei Spenden unter Lebenden. Wendet daher ein Erblasser einem S. U. eine Gabe zu, so bleibt zunächst der Erbe Eigentümer dieser Gabe; dem Sammler kommt auch hier nur ein zweckbegrenztes Verwaltungs- und Verfügungsrecht zu. Ein solches Recht erwirbt der Sammler aber nicht mit der einfachen testamentarischen Willensäußerung des Erblassers, sondern erst durch Bestellung seitens des Erben. Diese Bestellung tritt äußerlich in Erscheinung durch die Übergabe der Spende an den Sammler. Dabei kann es keinen Unterschied machen, ob bloß ein Vermögensstück oder der ganze Nachlaß dem S. U. zugewendet werden soll. Hat nun der Sammler einen Anspruch gegen den Erben auf Bestellung dieses zweckbegrenzten Verwaltungs- und Verfügungsrechts? Im Zweifel wird diese Frage, die für die Lebensfähigkeit der S. U. von größter Bedeutung ist, zu bejahn sein. Seiner juristischen Natur nach haben wir es bei dem Anspruch des Sammlers gegen den Erben mit einem Anspruch aus Vermächtnis zu tun. Fragen wir freilich, zu wessen Gunsten das Vermächtnis bestellt sei, so kommt wieder die eigenartige Natur des Spendungsaktes zur Geltung. Man kann nicht sagen, das Vermächtnis sei zugunsten des Sammlers, dem doch der obligatorische Anspruch aus diesem Vermächtnis zusteht, bestimmt worden. Vielmehr ist es zugunsten des Sammelzwecks ausgesetzt, so daß die Berechtigung des Sammlers sich nur als eine Art Vermittlertätigkeit kennzeichnet. Möglicherweise kann aus dem Testament als Wille des Testators aber auch hervorgehn, daß der Sammler das Recht auf Bestellung des begrenzten dinglichen Rechts an der Spende n i c h t haben soll. In diesem Falle haben wir es zum Unterschiede von dem oben behandelten Vermächtnisfalle mit einer Auflage (BGB. § 1940) zu tun. Dem Erfordernis der Bestimmtheit der Auflage (BGB. § 2193) wird dadurch genügt, daß der Erblasser die Bedachten genau bezeichnet, also z. B. Auflage zugunsten der durch das Brandunglück zu X. Geschädigten; die Person des Sammlers braucht alsdann nicht mit Namen bezeichnet zu werden. Bei der Auflage zu ungunsten eines

Vermächtnisnehmers kann ihre Vollziehung, wenn auch nicht vom Sammler, so doch von dem Erben, Miterben und demjenigen Dritten verlangt werden, welchem der Wegfall des mit der Auflage zunächst Beschwerten unmittelbar zu statten kommen würde. (BGB. § 2194.) Für den Fall, daß der Erbe mit der Auflage beschwert ist, wird die Bestimmung (l. c.) von großer Bedeutung, daß ev. die zuständige Behörde die Vollziehung der Auflage verlangen kann, wenn dieselbe — was bei S. U. regelmäßig der Fall ist — im öffentlichen Interesse liegt.

B. Nicht wesentlich anders liegt der Fall, daß der Erblasser durch letztwillige Verfügung ein S. U. bedenkt, das noch gar nicht besteht. Der Erblasser schreibt z. B. in seinem Testament:[1]) „Ich widme 100 000 Mk. für die Errichtung eines Bismarckdenkmals in meiner Vaterstadt; dieselben sollen dem zu diesem Zweck gebildeten Komitee ausgezahlt werden". Auch hier bleiben zunächst die Erben Eigentümer der Spenden. Gewöhnlich bestimmt der Erblasser im Testament gleichzeitig mit der letztwilligen Verfügung auch die zu Sammlern geeigneten Personen, die natürlich durch die getroffene Wahl des Erblassers zur Übernahme des Amtes nicht verpflichtet werden. Verweigern sie dieselbe, oder hat der Erblasser keine geeigneten Persönlichkeiten bezeichnet, so entstehn Schwierigkeiten. Man wird schlechterdings von dem Erben nicht verlangen dürfen, daß er zu dem Vermögensverlust, den er durch die Zuwendung des Erblassers an das S. U. erleidet, auch noch die mit der Sammlerstellung verbundene Mühe und Arbeit auf sich nehme. Andrerseits darf auch dem Erben nicht nachgelassen werden, sich unter Mißachtung des letzten Willens seines Erblassers völlig untätig zu verhalten. Vielmehr wird man ihm zumuten dürfen, daß er die Absicht des Erblassers sowie die Höhe der von demselben gespendeten Summe in geeigneter Weise, namentlich durch die Presse der Öffentlichkeit zur Kenntnisnahme mitteilt, damit weitere Kreise sich für das vom Erblasser angeregte S. U. interessieren und ein Komitee bilden können. Kommt es hierzu nicht,

[1]) Strohal, a. a. O. S. 339.

so wird man unterscheiden müssen, ob das S. U. zugunsten ganz bestimmter Personen gedacht war, oder ob dies nicht zutrifft, vielmehr der vom Erblasser verfolgte Zweck ein allgemeiner ist und nur mit erheblich höheren Mitteln als vom Erblasser gestiftet, erreicht werden kann. Im ersteren Fall wird anzunehmen sein, daß der Wille des Erblassers für den Fall, daß ein S. U. nicht zustande kommt, auf Erbeseinsetzung der Bedachten gerichtet ist. Im anderen Falle wird man Unmöglichkeit der Erfüllung des Sammelzwecks annehmen können. Eine Pflegschaft in einem solchen Falle anzunehmen, wäre gesetzwidrig und zwecklos. Jenes, weil § 1914 BGB. verlangt, daß der Sammler weggefallen ist, den Fall, daß überhaupt noch kein Sammler existiert hat, also nicht vorsieht; dieses, weil der Pfleger als solcher nicht die Aufgabe hat zu sammeln, sondern bloß das Gesammelte zu verwalten, so daß die erstrebte Vermehrung des S. V. nicht eintreten könnte.

§ 17.

II. EIGENE THEORIE ÜBER DAS VERMÖGEN.

I. Das Prinzip für die rechtliche Beurteilung des S. V. als solchem ergibt sich aus folgendem Gesichtspunkt:

1) Dasselbe ist nicht Substrat einer juristischen Person, wie bereits im kritischen Teil bei Erörterung der diesbezüglichen Theorie ausführlich dargestellt worden ist. Es bildet nicht dem Rechtssubjekt gegenüber das Objekt. Es ist aber auch nicht als Gesellschaftsvermögen oder Vermögen eines nicht rechtsfähigen Vereins anzusehn. Es gehört überhaupt nicht einer irgendwie gearteten Personengemeinschaft, wie von anderen ebenfalls schon unzutreffenderweise angenommen worden ist. Vielmehr besteht an dem durch die Gesamtheit der Geldgaben gebildeten Inbegriff eine Gemeinschaft der Spender nach Bruchteilen. Die einzelnen Rechte und Pflichten, die sich aus dieser Gestaltung für die Spender ergeben, sollen anderwärts dargelegt werden.

2) Wenn nun auch nach dem Gesagten dem einzelnen Beitragenden an der gemeinschaftlichen Masse ein Anteil zusteht,

so wird derselbe doch nicht behandelt wie die übrigen Bestandteile seines Vermögens. Vielmehr wird er mit Rücksicht auf den besonderen Zweck von dem übrigen Vermögen getrennt, der Einwirkung des Spenders (dem er nach wie vor gehört) entzogen und einer selbständigen, von dem Schicksal seiner übrigen Rechtssphäre völlig unabhängigen, rechtlichen Behandlung unterstellt.

Solche Fälle sind dem Privatrecht auch sonst nicht unbekannt. Und zwar ist es bald ein einzelnes Subjekt, bald ein Komplex von solchen, dem das spezieller Behandlung unterworfene Vermögen zusteht. Zur ersten Gruppe gehören z. B. die Konkursmasse im Verhältnis zum konkursfreien Vermögen des Gemeinschuldners oder die einem Konkurs oder einer Nachlaßverwaltung oder einer Testamentsvollstreckung unterworfene Erbschaftsmasse im Verhältnis zum persönlichen Vermögen des Erben. Der zweiten Gruppe werden vornehmlich das Vermögen einer offenen Handelsgesellschaft und das eines nicht rechtsfähigen Vereins zugerechnet. Man pflegt alle diese Erscheinungen unter dem einheitlichen Begriff des Sondervermögens zusammen zu fassen.[1]) Überträgt man diesen Gesichtspunkt auf unseren Fall, so kann man die durch Sammlung zusammengebrachte Masse als ein Sondervermögen bezeichnen. Hierbei ist aber der Begriff genau in die durch unser Institut vorgezeichneten Grenzen zu bannen und jede Überspannung desselben, namentlich jede Annäherung an den der juristischen Person sorgfältig zu vermeiden.

Die Selbständigkeit unseres Sondervermögens zeigt sich nun einerseits in privatrechtlicher und andrerseits in prozessualer Hinsicht.

II. Auf zivilrechtlichem Gebiet tritt die Selbständigkeit des S. V. in folgenden Beziehungen hervor:

1) Zwischen dem persönlichen Vermögen des Spenders und dem S. V. bzw. seinen einzelnen Bestandteilen sind Rechts-

[1]) Durch die Erkenntnis dieses Instituts hat besonderes Verdienst erworben Hellwig, cf. Anspruch und Klagrecht, Wesen und subjektive Begrenzung der Rechtskraft; Lehrbuch des Zivilprozeßrechts.

beziehungen denkbar, wie sie sonst nur unter selbständigen Vermögensträgern vorkommen. Hervorgehoben seien drei Punkte: Einmal kann der Spender an den Gegenständen des S. V. dingliche Rechte (Nießbrauch, Pfandrecht) haben,[1]) und umgekehrt solche Rechte an Objekten seines freien Vermögens bestellen: die grundsätzliche Unzulässigkeit von Rechten an eigener Sache steht nicht im Wege. So können obligatorische Rechtsgeschäfte zwischen Spender und Sammler als Vertreter der Masse geschlossen werden: z. B. kann bezüglich eines gespendeten Objekts ein Tauschgeschäft mit einem einzelnen Spender abgeschlossen werden. Endlich können auch kraft Gesetzes Rechtsbeziehungen zwischen einem Beitragenden und der Masse hergestellt werden: So kann beispielsweise ein Spender durch Handlungen im Interesse des S. V. Ansprüche gegen dasselbe aus dem Gesichtspunkt der unbeauftragten Geschäftsführung erlangen. Er kann auch durch Verwendungen auf eine in seinen Besitz gekommene Sache der Masse Ersatzansprüche erwerben. Vor allem macht er sich durch schuldhafte Vernichtung oder Beschädigung von Bestandteilen des S. V. demselben schadensersatzpflichtig, wie er auch selbst umgekehrt bei deliktischer Verletzung, die im Zusammenhang mit der Verwaltung der Masse steht, Entschädigungsansprüche gegen diese erlangt.

2) Auch bezüglich der Verwaltung und Verfügung sind S. V. und persönliches Spendervermögen völlig getrennt. a) Handlungen bezüglich der Masse, die einem der angegebenen Zwecke dienen, können von dem Spender weder in ihrer Vereinzelung noch auch in ihrer Vereinigung wirksam vorgenommen werden. Verfügungen eines Spenders über seine Naturalspende oder über seinen Anteil an dem gesammelten Geld, sind als Dispositionen über fremdes Vermögen zu betrachten und zu behandeln. Sie sind also, wenn einseitig, unwirksam, wenn zweiseitig, gebunden an die Genehmigung des hinsichtlich der Masse verfügungs-

[1]) Man denke an den Fall, daß ein Schneider, der selbst zu den Spendern gehört, auf Grund eines Werkvertrags mit dem Sammler die zusammengebrachten alten Kleider ausbessert und zur Sicherung für seinen Werklohnanspruch ein Pfandrecht an denselben erwirbt.

berechtigten Sammlers. Doch wird der Mangel der Legitimation wie in den entsprechenden sonstigen Fällen des BGB. durch den guten Glauben des Geschäftsgegners gedeckt sein. b) Das dem Spender entzogene Recht zur Verwaltung und Verfügung ist dem Sammler übertragen. Gerade darin liegt eine wesentliche Ähnlichkeit des S. V. mit den übrigen Sondervermögen. Von ihnen unterscheidet sich unser Fall vornehmlich durch den Zweck der getrennten Verwaltung. Derselbe liegt bei der Konkursmasse in der Befriedigung der Gläubiger, bei dem Nachlaßkonkurs und der Nachlaßverwaltung in dem Schutz der Nachlaßgläubiger gegen die Konkurrenz der persönlichen Erbengläubiger und dieser gegen den Zugriff der ersteren in das freie Vermögen; bei der Testamentsvollstreckung in der Ausführung des letzten Willens des Erblassers; bei der offenen Handelsgesellschaft und dem nicht rechtsfähigen Verein in der einzigen Verfolgung des gemeinschaftlichen Ziels. In unserem Falle aber wird der Zweck gebildet durch die Erreichung des bestimmten, meist gemeinnützigen Ziels, zu dessen Verfolgung die Vermögensmittel aufgebracht sind. Wesen, Umfang und Erscheinungsform des dem Sammler zustehenden Rechts sind in anderem Zusammenhang dargelegt.[1])

3) Folgen der Selbständigkeit des S. V. hinsichtlich der Schuldenhaftung. a) Für die persönlichen Verbindlichkeiten des Spenders haftet nicht das S. V. als Ganzes, ebensowenig der Anteil des Spenders. Dieser Anteil ist, wie noch später zu erörtern, wegen der persönlichen Schulden des Beitragenden weder pfändbar noch fällt er auch in dessen Konkursmasse. Umgekehrt hat das persönliche Vermögen des Spenders für die im Interesse des Sammelzwecks eingegangenen Verbindlichkeiten nicht einzustehn. Seine Leistungen für das S. U. erschöpfen sich in seinem Beitrag, und seine Verpflichtungen können durch die Geschäfte des Sammlers nicht beeinflußt und natürlich nicht erweitert werden. b) Erst recht haftet das S. V. nicht für die persönlichen Verbindlichkeiten des Sammlers. Wohl aber für die Schulden, die von demselben innerhalb seiner Zuständigkeit im Interesse

[1]) Vgl. § 14 d. Abhdlg.

des Sammelzwecks eingegangen werden. Man denke an die Kosten der Verwaltung und Verwahrung, an die Verträge mit den Buchführungspersonen, mit den Verfertigern von Anschlägen, mit Werkunternehmern, mit Verkäufern von Kleidern und Nahrungsmitteln, an die Kosten des Transports der Gaben auf ihrem Weg vom Spender zum Sammler und von diesem zum Bedachten. Wegen aller dieser Verbindlichkeiten können sich die Gläubiger an das S. V. halten und namentlich auf Grund geeigneter Titel die Zwangsvollstreckung in dasselbe betreiben.

Schwieriger ist die Frage, ob für solche Verbindlichkeiten der Sammler auch mit seinem persönlichem Vermögen einzustehn hat. Diese Frage wird verneint werden müssen. Der Sammler, der in der Eigenschaft als solcher auftritt, verpflichtet allein das ihm unterstehende S. V. Er handelt, ungenau ausgedrückt, als Vertreter dieses Vermögens und mit Beschränkung der Haftung auf dessen Mittel. Sein eigenes Vermögen wird also durch solche Geschäfte nicht berührt. Dies folgt aus der Analogie der ähnlich gelagerten Fälle der Konkursverwaltung, Nachlaßverwaltung, Testamentsvollstreckung. Wie dort der Verwalter wegen aus den innerhalb seiner Zuständigkeit vorgenommenen Rechtsgeschäften nur die Masse, nicht dagegen sein eigenes Vermögen verpflichtet, so muß auch eine persönliche Haftung des Sammlers grundsätzlich abgelehnt werden.[1]) Dies gilt jedenfalls für den Normalfall, in welchem der Sammler seine Zuständigkeit beobachtet und als Repräsentant des S. V. nach außen erkennbar hervortritt. Anders dagegen, wenn er mit einem dritten Kontrahenten, ohne das Geschäft zu dem S. V. in erkennbare Beziehung zu setzen, oder wenn er zwar als Vertreter

[1]) Allerdings tritt eine andere Behandlung bei dem Geschäftsführer einer offenen Handelsgesellschaft, dem Vorstand eines nicht rechtsfähigen Vereins und bei dem Ehemann als Träger der Verwaltung des eingebrachten Guts der Frau und des Gesamtguts ein. Die persönliche Haftung des Handelnden beruht aber im ersteren Fall auf seiner Eigenschaft als Mitglied der offenen Handelsgesellschaft, und im zweiten Fall auf der positiven Bestimmung des § 54 B. G. B. Im dritten Fall endlich auf dem persönlichen Interesse des Mannes an dem Bestand der von ihm verwalteten Ehegütermasse.

des S. V. auftritt, aber hierbei ohne Wissen des Dritten die Grenzen seiner Zuständigkeit überschreitet, oder wenn sein Verhalten sonst ein schuldhaftes ist. Für solche Fälle trifft den Sammler eine persönliche Haftung nach Analogie derjenigen, die den nicht bevollmächtigten Vertreter und in noch weit höherem Maße den Vorstand eines nicht rechtsfähigen Vereins trifft. Diese Behandlung rechtfertigt sich nicht nur durch die angeführte Analogie, sondern namentlich auch durch die Rücksicht auf die Verkehrssicherheit, auf das Interesse der mit dem Sammler kontrahierenden Dritten, und was damit zusammenhängt, auf die Kreditfähigkeit des S. V. selbst.

4) Zu dem S. V. gehört zunächst alles, was auf Grund eines zu ihm gehörigen Rechts erworben wird. a) Zu erwähnen sind namentlich die Zinsen, die es infolge Hinterlegung bei einer Bankstelle abwirft, aber auch etwaige sonstige Erträge (z. B. aus Eintrittsgeldern, die von Besuchern der ausgestellten Gaben zu zahlen sind); solche Nebenbezüge teilen in allen Beziehungen die rechtlichen Schicksale des gesammelten Kapitals. b) Entsprechendes gilt für die Werte, die als Ersatz[1]) für die Zerstörung, Beschädigung oder Entziehung gesammelter Gegenstände erworben werden. Das Hauptbeispiel hierfür bildet die Versicherungssumme für untergegangene Stücke.[2]) c) Endlich wird hierher Alles zu rechnen sein, was der Sammler mit Mitteln des S. V. oder durch ein auf dasselbe bezügliches Rechtsgeschäft erwirbt (z. B. durch Vertauschung, Veräußerung, Vermietung oder sonstige Verwertung der Gaben); auch solche Objekte fallen ohne besonderes Übertragungsgeschäft kraft Gesetzes mit dinglicher Wirkung in das S. V.

Freilich können sie in einem Fall ihr rechtliches Schicksal ändern. Wenn nämlich eine Naturalspende versilbert wird, so fällt das gewonnene Entgelt nicht in das Alleineigentum des Spenders, sondern es vermischt sich mit den Geldbeträgen der übrigen Beteiligten zu einer einheitlichen Masse, an welcher

---

[1]) Vgl. das in § 14 dieser Abhdlg. S. 89 Anm. 1 Gesagte.

[2]) Ob und inwiefern die Versicherung der Gaben durch die Grundsätze ordnungsmäßiger Verwaltung geboten wird, ist Sache des einzelnen Falls.

nunmehr dem betreffenden Spender ein Miteigentumsanteil im Verhältnis zum Wert seiner Spende erwächst. Das ist weniger eine Ausnahme vom Surrogationsprinzip als vielmehr eine Folge der allgemeinen Grundsätze über Vermengung von Sachen verschiedener Eigentümer.

III. Auch auf dem Gebiet des Prozeßrechts äußert die Trennung der Vermögensmassen ihren Einfluß.

1) Den Spendern fehlt für Rechtsstreitigkeiten in Ansehung des S. V. die Sachlegitimation. Sie sind nicht etwa insoweit prozeßunfähig, denn sie erleiden weder überhaupt noch bezüglich der aufgebrachten Masse eine Verminderung ihrer persönlichen Handlungsfähigkeit. Wohl aber fehlt ihnen die privatrechtliche Befugnis zur Geltendmachung der im S. V. vereinigten Rechte; und dem Ausschluß des Verfügungsrechts außerhalb des Prozesses entspricht die Entziehung der Sachlegitimation innerhalb desselben. (Ähnlich wie im Fall des Konkurses, der Nachlaßverwaltung und in gewissem Umfang auch der Testamentsvollstreckung.) Etwaige Klagen, die in dieser Richtung durch oder gegen sie erhoben werden, sind daher nicht als unzulässig, sondern als unbegründet abzuweisen. Die Rechtskraft der Entscheidung wirkt aber nur in ihrer Person, hindert also nicht eine erfolgreiche Wiederholung der Klage durch oder gegen den legitimierten Sammler.

2) Andrerseits ist in dem von diesem geführten Prozeß er allein Kläger oder Beklagter, nicht dagegen kommt dem Spender als Streitgenossen die Parteieigenschaft zu. Mithin sind Ereignisse in ihrer Person (Tod, Geschäftsunfähigkeit, Wechsel eines gesetzlichen Vertreters usw.), desgleichen ihre persönlichen Beziehungen zum Richter (§ 41 ZPO.) ohne prozessuale Wirkung. Ihre Persönlichkeit tritt im Rechtsstreit nicht hervor, darf und muß im Rubrum der Klage und des Urteils nicht genannt werden. Ihr Vermögen haftet nicht für die Prozeßkosten, wohl aber können sie als Zeugen und Sachverständige vernommen werden und als Nebenintervenienten auftreten.

IV. Nicht selten ist nach Zweckverwendung des S.V. ein unverbrauchter Überschuß vorhanden. Derselbe wird nicht etwa wie im Fall der Zweckunmöglichkeit das Gesamtvermögen den Spendern zurückgegeben, vielmehr entspricht es der allgemeinen Übung und den praktischen Bedürfnissen, daß der Sammler mit der bisherigen Selbständigkeit der Verwaltung und Verfügung über das Schicksal des Restbetrags befinden darf, und zwar ist er in dieser Hinsicht an die Zustimmung der Spender nicht gebunden. Allerdings wird es seine Aufgabe sein, eine Verwendung vorzunehmen, die dem bisherigen Sammelzweck und der vermutlichen Absicht der Beteiligten tunlichst entspricht. Diese Behandlung ist denn auch im Leben die gebräuchliche.[1])

[1]) Als Beispiel diene ein in der „Straßburger Post“ vom 24. VI. 1904 mitgeteilter Fall: Bei dem Rechnungsabschluß für das Straßburger Goethedenkmal hatte sich ein Überschuß von 15 000 M. ergeben. Der geschäftsführende Ausschuß des Sammelkomitees hatte in seiner letzten Sitzung den Beschluß gefaßt, aus diesem Überschuß eine Stiftung zur Erhaltung des Denkmals sowie für Zwecke, die dem Denkmalsgedanken verwandt erscheinen, zu bilden. — In einem anderen Falle („Straßb. Post“ v. 8. VII. 1904) wendet „das Reichskomitee zugunsten der durch Hochwasser Geschädigten“ einen verbleibenden Rest von 30 265 M. dem Vaterländischen Frauenverein zur selbständigen Verfügung zu.

DRITTER TEIL.

DIE EINZELNEN BETEILIGTEN UND IHRE RECHTSVERHÄLTNISSE.

I. DER SAMMLER.

§ 18.

DER SAMMLER IM ALLGEMEINEN.

A. Der Sammler ist, wenn die Spende geleistet ist, nicht Eigentümer derselben geworden; aus diesem Umstande ergeben sich einige wichtige Folgerungen:

I. Er hat gegenüber den gespendeten Sachen die gleiche Befugnis, wie sie der Besitzer eines fremden Objekts erlangen kann, namentlich auf Grund etwaiger Verwendungen.

II. Andrerseits hat er die gleichen Verpflichtungen, wie sie einem Dritten in Ansehung fremder Sachen obliegen können. Daraus folgt ein Dreifaches: Einmal ist er, wenn sein Recht zum Besitz erlischt, wenn z. B. sein Amt vor Erreichung des Spendungszweckes beendigt wird, etwa wegen Unmöglichkeit, zur Herausgabe der Sache nicht nur obligatorisch, sondern auch dinglich verpflichtet: gegen ihn richtet sich der Eigentumsanspruch der §§ 985 f. BGB. Zum zweiten darf er die Beiträge nicht vorsätzlich oder fahrlässig beeinträchtigen, widrigenfalls er sich n. § 823 BGB. wegen Verletzung fremden Eigentums haftbar macht; und zum Dritten ist er, falls er ihm übergebene Spenden zu anderem als dem vorgeschriebenen Zweck verwendet, wie derjenige zu behandeln, der über fremdes Gut widerrechtlich verfügt. Verwendet er z. B. die Spenden in seinem eigenen Interesse, so liegt der strafrechtliche Tatbestand einer Unterschlagung vor, und zwar der schwerere Fall des Angriffs gegen ein anvertrautes Objekt (StrGB. § 246). Übrigens macht er sich auch des Delikts der Untreue schuldig, wenn er absichtlich zum Nachteil der ihm anvertrauten Spenden handelt. (StrGB. § 266).

III. In dem allerdings seltenen Fall einer Grundstücksspende wird der Sammler nicht als Eigentümer in das Grundbuch eingetragen.

IV. Endlich besteht die allerdings nur theoretische Möglichkeit, daß der Spender an den ihm anvertrauten Sachen ein begrenztes dingliches Recht hat, wie z. B. Nießbrauchs- oder Pfandrecht.

B. Der Sammler hat aber, wenn nach dem Gesagten kein Eigentum an den Spenden so doch hinsichtlich derselben wichtige Rechte und rechtliche Positionen.

I. Er ist zunächst mit der Tradition der Spenden Besitzer derselben geworden; er hat als solcher alle mit dem Besitz verknüpften Befugnisse und Ansprüche, er kann namentlich bei Störung oder Entziehung der tatsächlichen Gewalt durch irgend einen Dritten, auch durch den Spender selbst, sowohl den eigenmächtigen Besitzschutz ausüben als auch im Wege der Klage die gesetzlichen Ansprüche gegen den Angreifer geltend machen.

Er hat aber den Besitz nicht nur als faktischen Vorteil, sondern er hat auch ein Recht auf denselben, beruhend auf der vertraglichen Beziehung zu den Spendern. Er kann mithin, so lange sein Amt dauert, dem Eigentumsanspruch des Spenders gemäß BGB. § 986 die Einrede seines Besitzrechts entgegenhalten; andrerseits aber ist er nur kraft seines Amtes, d. h. bis zur Zweckverwendung oder Unmöglichkeit derselben zum Besitz befugt. Er stellt sich also dar als ein auf Zeit zum Besitz Berechtigter, d. h. als vermittelnder Besitzer im Sinn des § 868 BGB., während der mittelbare Besitz dem Spender mit dem Eigentum verblieben ist.

II. Wichtiger ist das selbständige Verwaltungs- und Verfügungsrecht des Sammlers[1]). Seine Natur ist bereits oben dargelegt. Dort wurde es bezeichnet als ein begrenztes dingliches Recht, das sich unter keine der im BGB. geregelten Kategorien unterordnen läßt, das bei beweglichen wie unbeweglichen Objekten an den Besitz der Sache geknüpft und bei Grundstücken der grundbücherlichen Eintragung weder bedürftig noch auch nur fähig ist. Im folgenden soll nun seine Erscheinungsform und seine Beschränkung genau untersucht werden.

1. Das Verwaltungs- und Verfügungsrecht des Sammlers hat einen weitgehenden Inhalt. Kraft desselben darf und kann er wirksam alle Handlungen vornehmen, die zur ordnungsmäßigen Verwaltung und Zweckverwendung des S. V. erforderlich sind. Er kann und darf alle Maßregeln treffen, die von einem ordentlichen Sammler erwartet werden dürfen. Er kann insbesondere die ihm anvertrauten Spenden hinterlegen. Er darf sie, wenn ihre Verteilung in natura nicht beabsichtigt oder zweckmäßig ist, durch Geschäfte aller Art versilbern; er muß und darf leicht verderblich oder kostspielig zu verwertende Objekte durch andere Gegenstände oder durch Geld ersetzen. Er kann alle die Verfügungen vornehmen, welche die Gabe ihrem Zweck zuführen: Geld an die Überschwemmten, Kleider an die Abgebrannten, Honorar an den Künstler, der das Denkmal errichtet, Vergütungen an die zugezogenen Verwaltungsgehülfen aushändigen.

2. Und zwar ist in allen diesen Beziehungen sein Verwaltungs- und Verfügungsrecht ein selbständiges. Das bedeutet, es wird nicht als fremdes Recht vertretungsweise aus-

---

[1]) Nach der franz. Jurisprudenz (siehe Dalloz 1903, VI. 2. 121) „l'organisateur joue le rôle d'agent de la transformation et d'intermédiaire entre l'ensemble des souscripteurs et le bénéficiaire". (Jur. gén. V° Dispositions entre vifs; Req. 7. IV. 1829; n° 1300 p. 420, note aff. Reverchon. Souscr. publ. pour l'église de Morez D. P. 63. 1. 402.) Cour de Grenoble 4 août 1896, Dalloz, Jurispr. gén. 1897: „Un comité, issu de l'initiative privée, qui a organisé des fêtes de charité sans la participation de l'autorité publique, a le droit de distribuer lui même les sommes recueillis entre les divers établissements et sociétés d'assistance de la commune". Dazu: Cour de Cassation 2 août 1897, Dalloz, 1898.

geübt, sondern es steht dem Sammler als eigenes, in seiner Person entstandenes Recht zu. Daraus ergeben sich zwei wichtige Folgerungen.

a) alle die vorhin erwähnten Verwaltungs- und Verfügungshandlungen nimmt der Sammler im eigenen Namen vor. Er erwirbt aus dem Verwahrungsvertrag, wenn er beispielsweise die eingelaufenen Gelder bei einer Bank hinterlegt, einen eigenen Anspruch auf Rückgabe. Bei Anweisungen auf die Hinterlegungsstelle ist er der wirkliche Assignant. Den Bedachten, denen er Unterstützung gewährt, steht er als Partei gegenüber. Bei Verträgen mit Gehülfen der Verwaltung ist er der Dienstherr. Bei Aufträgen an einen Künstler ist er der Werkunternehmer. Er quittiert empfangene Beträge in eigenem Namen. Kurz, überall handelt er nicht als Vertreter eines anderen, sondern in eigenem Namen und kraft eigenen Rechts.

b) Entsprechendes gilt für den Prozeß, den der Sammler hinsichtlich des S. V. führt, sei es als Kläger z. B. auf Rückgabe des Depositums, auf Schadensersatz wegen Beeinträchtigung der Masse, auf Ausführung der von ihm geschlossenen Dienst- und Werkverträge, auf Wandelung oder Minderung wegen mangelhafter Leistung, auf Leistung der gezeichneten Spenden usw., sei es als Beklagter z. B. auf Zahlung des versprochenen Honorars an den beauftragten Künstler. In allen diesen Fällen ist er nicht etwa Parteivertreter, sondern selbst Partei. Auf seinen Namen sind Klage und Urteil abzustellen. Er kann als Zeuge nicht vernommen werden, als Nebenintervenient nicht beitreten. Er hat etwaige Eide zu leisten. Für den Ausschluß des Richters ist seine Person maßgebend. Sein Tod und seine Geschäftsunfähigkeit unterbrechen den Rechtsstreit. Nur für die Kosten des Prozesses hat, von Verschuldungsfällen abgesehn, nicht er selbst, sondern nur das S. V. einzustehn, wie später darzulegen.

3. Das Verwaltungs- und Verfügungsrecht des Sammlers unterliegt aber mehrfacher Beschränkung.

a) Zunächst in subjektiver Hinsicht, insofern als es an die Person des Sammlers geknüpft ist.

α) Derselbe ist zur Übertragung seines Rechts an einen Dritten nicht befugt. Er vermag ebensowenig wie die ihm obliegenden Pflichten die ihm zustehenden Befugnisse auf einen anderen Träger übergehen zu lassen. Dies entspricht auch durchaus dem praktischen Bedürfnisse. Die Spende erfolgt vielfach mit Rücksicht auf die meist angesehene Persönlichkeit des Sammlers, und es erscheint nicht tunlich, dieselbe durch eine andere, den Spendern vielleicht unerwünschte oder mit geringeren Garantien der Werbekraft oder Gewissenhaftigkeit ausgestattete Person zu ersetzen.

Allerdings gilt das eben Gesagte nur im Zweifel. Eine andere Behandlung kann sich aus den Umständen ergeben. Sie ist bei einem aus mehreren Sammlern bestehenden Komitee insofern häufig, als hier austretende Mitglieder vielfach nach einem bestimmten modus ersetzt werden dürfen. Auch sonst hindert die Unübertragbarkeit der Rechte als solche den Sammler natürlich nicht, geeignetenfalls einerseits die Ausübung des Rechts auf andere zu übertragen und andrerseits sich fremder Personen als Gehülfen oder Vertreter zu bedienen.

β) Des weiteren ist das Recht gebunden an die Lebensdauer des Sammlers. Es geht im Falle seines Todes auf die Erben nicht über. Es kann ebensowenig den vielleicht entfernten Erben die Übernahme der vielfach schwierigen und verantwortungsvollen Tätigkeit, den Spendern die Einlassung mit einer Person zugemutet werden, die ihnen möglicherweise unbekannt, die vielfach mit den bisherigen Geschäften der Verwaltung nicht betraut und die oft genug von dem Interesse des bisherigen Sammlers für den zu verfolgenden Zweck nicht erfüllt ist.

Aus den gleichen Gründen wird das Recht durch die Fortdauer der unbeschränkten Geschäftsfähigkeit des Sammlers bedingt sein. Daß es namentlich mit der Entmündigung aufhören muß, ergibt sich schon aus der Erwägung, daß der Vormund, der das fortdauernde Recht des Sammlers auszuüben hätte, den Spendern fremd gegenübersteht.

Endlich muß die gleiche Wirkung sich knüpfen an die Eröffnung des Konkurses über das Vermögen des Sammlers.

Das S. V. fällt zwar, wie gleich darzutun, nicht in die Konkursmasse. Es entspricht aber allgemeinen Gesichtspunkten und wird durch analoge Vorschriften des BGB. bestätigt, daß derjenige, dem die Verwaltung des eigenen Vermögens entzogen ist, nicht Vertrauensmann Dritter bei der Verwaltung fremden Vermögens sein kann.[1])

γ. Endlich gehört das Recht des Sammlers nicht zu seinem vollstreckbaren Vermögen. Es darf zur Befriedigung seiner persönlichen Gläubiger nicht verwertet werden. Denn es ist nicht bestimmt, seinen persönlichen Interessen zu dienen und für seine Schulden zu haften. Es bildet keinen nutzbaren dauernden Bestandteil seines Vermögens, sondern nur eine ertraglose, gewissermaßen formale Befugnis, die seine Rechtssphäre nur im Durchgehn berührt. In seinem Amt tritt, wie bei manchen anderen privatrechtlichen Ämtern das Moment der rechtlichen Macht zurück hinter dasjenige der rechtlichen Verpflichtung. Jene ist nur das Mittel zur Verrichtung der letzteren. Da nun kein Mittel besteht, den Gläubigern mit den Rechten zugleich die Pflichten zu übertragen, kann das Verwaltungs- und Verfügungsrecht des Sammlers weder von seinem Einzelgläubiger im Vollstreckungswege beschlagnahmt, noch auch im Fall des Konkurses zur gemeinschaftlichen Befriedigung seiner Gläubiger verwendet werden.

b) Auf der anderen Seite unterliegt es einer wichtigen objektiven (sachlichen) Begrenzung, es ist nämlich streng gebunden an den Zweck des S. U.[2]) und es reicht nicht weiter

---

[1]) Analog der Bestimmung, daß auch der Vater und Vormund im Fall des Konkurses das Verwaltungsrecht am Vermögen des Kindes und Mündels verliere. B. G. B. § 1647.

[2]) Aktuell wurde diese Frage in dem bekannten Prozeß der Stadt Nizza gegen Bolgiano. (Siehe Dalloz, Jurispr. générale, Réc. period. 1884, S. 45 [Cours d'appel]): Am 23. März 1881 hatte eine große Feuersbrunst das Stadttheater in Nizza zerstört. Es bildete sich ein Komitee zur Sammlung von Geldbeiträgen, dem auch ein Beigeordneter der Stadt angehörte. Da nun aus Anlaß dieses Brandes viele Schadensersatzklagen gegen die Stadt N. in Aussicht standen, hatte das Komitee einem gewissen Bolgiano, der eine Entschädigung in Höhe von 25000 Frs. von der Stadt zu ver-

als nötig, um diesen Zweck zu erzielen. Alle Verfügungen mithin, die der Sammler über das zusammengebrachte Vermögen nicht etwa im Interesse des Sammelzwecks, sondern im eigenen Interesse vornimmt, sind unwirksam, d. h. sie verbleiben nicht etwa im Verhältnis zum Geschäftsgegner gültig und verpflichten den Sammler nicht bloß obligatorisch zur Entschädigung der Interessen, sondern sie entbehren auch der dinglichen Wirksamkeit: Die zweckwidrig veräußerten Objekte bleiben beispielsweise trotz der Tradition an einen Dritten im Eigentum der Spender.

Hier erhebt sich aber sogleich die Frage, wie es sich bei gutem Glauben der anderen Partei verhält. Dieser würde prinzipiell betrachtet dem Geschäft des Sammlers an sich keine

---

langen beabsichtigte, 6000 Frs. gegeben und ihm ein schriftliches Versprechen abgenommen, daß er bei Erhalt obiger 6000 Frs. keinen weiteren Schadensersatzanspruch weder gegen das Komitee noch gegen die Stadt N. könne geltend machen. Die Cour d'Aix v. 25. IV. 1885 entschied sehr richtig, wie folgt: Le comité n'a aucune compétence pour discuter des questions de responsabilité civile, et pour apprécier les droits de ceux au profit desquels il est chargé de répartir une véritable aumône. En conséquence il est sans qualités pour subordonner l'allocation de ces secours à l'acceptation, par les personnes assistées, d'une clause portant renonciation au droit d'actionner à fin de dommages-intérêts les auteurs présumés du préjudice".

Dieses Urteil wurde jedoch von der Cour de Cassation am 3. III. 1885 aufgehoben mit folgender Begründung: „Le comité institué pour faire entre les victimes d'un sinistre (incendie du théâtre de Nice) la distribution des sommes provenant de souscriptions, a le droit, au nom des souscripteurs, ses mandants (?), d'imposer aux bénéficiaires toutes conditions et renonciations, qui ne soient ni illicités, ni contraires à l'intention des souscripteurs. Spécialement de stipuler comme condition de la remise des sommes faite à titre de pure libéralité aux victimes, que celles-ci renoncent à toute action contre des tiers." Diese Ansicht des Kassationshofs ist sehr bedenklich; der bloße Sammelzweck wird es nie mit sich bringen, derartige zu ungunsten des Destinatärs lautende Klauseln dem Übergabeakt an den Destinatär anzuschließen. Zum mindesten hätte eine einberufene Spenderversammlung diese Maßregeln des Komitees billigen müssen. Vgl. hierzu die Kritik in Dalloz l. c. 1885 S. 411 (Cour de Cassation).

Vgl. auch über die Grenzen der Tätigkeit des Komitees § 14 I. 2 dieser Abhdlg.

Gültigkeit verleihen können. Allein es liegt nahe, für unseren Fall entsprechende Vorschriften des BGB. heranzuziehn. Danach hat z. B. der gute Glaube heilende Kraft, wenn einer relativen Verfügungsbeschränkung zuwider oder von einem bedingt Berechtigten oder von einem durch Nacherbschaft oder Testamentsvollstreckung beschränkten Erben über die Grenzen der Verfügungsbefugnis hinaus eine Veräußerung vorgenommen wird (BGB. §§ 135 II, 161 III, 2113 III, 2211 II).

Wie in allen diesen Fällen, so wird es auch im vorliegenden gestattet sein, das Geschäft mit Rücksicht auf den gutgläubigen Dritten für gültig zu erklären. Wenn er dagegen den Mißbrauch des Sammlers kannte oder kennen mußte, so besteht kein Grund, das zweckwidrige Geschäft zu seinen Gunsten als wirksam zu erklären.

c) Endlich ergibt sich eine letzte Schranke aus dem Gesichtspunkt, daß das Verwaltungs- und Verfügungsrecht des Sammlers dort zessiert, wo es die Interessen des S. V. mit den persönlichen Interessen des Sammlers in Konflikt bringen würde.

Daraus erklärt sich, daß der Sammler, auch wenn er an sich zu den Destinatären des S. U., z. B. zu den der Unterstützung bedürftigen Abgebrannten gehört, nicht befugt ist, an sich selbst Gaben oder Gelder zu verteilen, obgleich dieses Geschäft, objektiv betrachtet, sich noch im Rahmen des Sammelzwecks bewegen würde. Das folgt nicht etwa aus § 181 BGB., der die Geschäfte des Vertreters mit sich selbst ausschließt; denn der Sammler handelt, wie schon oben betont, nicht als Vertreter eines anderen, sondern in eigenem Namen. Wohl aber entscheidet der Gesichtspunkt, daß der beamtete Wahrnehmer fremder Interessen sie nicht in Gegensatz zu den eigenen bringen darf, ein Gesichtspunkt, der in gleicher Weise bei dem Vormund und Träger der elterlichen Gewalt gesetzliche Anerkennung gefunden hat (BGB. §§ 1795, 1630 II).[1])

---

[1]) cf. Kohler, J. Rechtsfälle zum Studium des französischen Zivilrechts II Fall 60, auf welche mich Herr Landgerichtspräsident Schaefer, Saargemünd, aufmerksam machte.

C. Den eben dargelegten Rechten des Sammlers stehn auf der anderen Seite wichtige Verpflichtungen gegenüber.

I. Der Inhalt derselben ist ebenso mannigfaltig wie die zu verfolgenden Sammelzwecke überhaupt. Er kann daher erschöpfend nicht dargelegt werden. Doch kehren bei fast allen Sammlern gewisse Gesichtspunkte ziemlich regelmäßig wieder, so daß sie an dieser Stelle Hervorhebung verdienen.

1. Zunächst ist der Sammler grundsätzlich verpflichtet, von seinem Verwaltungs- und Verfügungsrecht einen ordnungsmäßigen Gebrauch zu machen. Was dazu gehört, ergeben die Umstände des Einzelfalls. Grundsätzlich wird zu verlangen sein, sorgfältige Verwahrung der eingelaufenen Naturalspenden, aber auch bei drohendem Verderb rechtzeitige Verwertung. Die eingelaufenen Geldbeträge werden meist zu hinterlegen, gegebenenfalls, namentlich bei langdauernden S. U. zinsbar anzulegen sein, wobei mündelsichere Anlage zwar nicht vorgeschrieben, aber praktisch zweckmäßig erscheint.

2. Zur ordnungsmäßigen Verwaltung wird es gehören, daß der Sammler den Bestand der Masse zuverlässigerweise ermittelt und erkennbar macht, daß er insbesondere die eingelaufenen Gaben und Geldsummen übersichtlich bucht.

3. Des weiteren hat er bei der Verwertung der Masse die Interessen derselben sorgfältig zu wahren. Insbesondere liegt ihm ob, die Versilberung der Naturalspenden zu möglichst günstigen Bedingungen zu erzielen. Zu diesem Behuf ist er verpflichtet, einen vorteilhaften Zeitpunkt für den Verkauf auszusuchen.

4. Vor allem hat er bei Verwendung des gesammelten Vermögens einerseits die durch den Zweck gesteckten Grenzen zu beobachten, namentlich jede durch denselben nicht gegebene oder ihm zuwiderlaufende Verfügung zu unterlassen, andrerseits aber auch alles zu tun, was geeignet ist, die durch das S. U. verfolgten Interessen zu fördern. So ist er z. B. nicht bloß moralisch, sondern auch rechtlich verpflichtet, bei Wohltätigkeitssammlungen auf schleunigste Befriedigung der dringendsten Bedürfnisse zu achten, auch die Bedürftigkeit und Würdigkeit der von ihm unterstützten Personen zu prüfen und die Gaben

diesen Umständen anzupassen. So hat er bei Auswahl des für ein Denkmal bestimmten Platzes, bei Beistimmung des ausführenden Künstlers, bei Abschluß des Werkvertrags mit demselben sorgfältig zu verfahren usw.

Alle diese behandelten Verpflichtungen setzen bereits ein S. V. voraus, dagegen wird für die Regel der Sammler nicht verpflichtet sein, ein solches Vermögen zusammenzubringen. Er haftet mit anderen Worten für die Verwaltung, Verwertung und Verwendung des vorhandenen, nicht aber für die Entstehung der noch fehlenden Masse. Seine Sammeltätigkeit ist freiwillig. Sie ist nicht Folge einer schon vorliegenden, den Sammler betreffenden Verpflichtung, sondern Voraussetzung für die übrigen, eben dargelegten Obliegenheiten.

II. Was nun das Maß betrifft, nach welchem der Sammler haftet, so ist dasselbe nirgends gesetzlich festgelegt. Sonach scheint es, als ob er für jedes Verschulden, auch für leichte Fahrlässigkeit, einzustehn hätte. Dies würde jedoch weder zweckmäßig noch auch billig erscheinen. Jenes nicht, weil diese verschärfte Haftung manchen von der Übernahme der vielfach gemeinnützigen Sammeltätigkeit abhalten würde. Dieses nicht, weil der Sammler ausschließlich fremde, nicht zugleich persönliche egoistische Interessen wahrzunehmen hat, weil er insbesondere keine Vergütung erhält. Mit Rücksicht darauf und auf das persönliche Vertrauensverhältnis zu dem Spender wird man annehmen dürfen, daß ihm nur dasjenige Maß von Sorgfalt obliegt, das er in eigenen Angelegenheiten anzuwenden pflegt. In dieser Hinsicht dürfte die Analogie der unentgeltlichen Verwahrung am Platze sein (§ 690 BGB.).[1])

[1]) Von dem Umfang der Haftung eines Komiteemitgliedes gegenüber einem dritten Vertragschließenden handelt das Urt. d. O. L. G. Karlsruhe l. c. S. 492: „Es mag zweifelhaft sein, ob zu einer solchen Beschränkung der Haftung auf ein Vereinsvermögen oder Gesellschaftsvermögen eine lediglich in den Satzungen enthaltene Bestimmung Dritten gegenüber genügt, jedenfalls ist die Beschränkung der Haftung dann unbedenklich anzunehmen, wenn in der dem Dritten erkennbaren Absicht, daß sich die Haftung auf ein bestimmtes Vermögen bzw. bestimmten Vermögensteil beschränken solle, wie dies ein Sammelfonds auch unter dem alten Recht

III. Schwieriger ist die Frage zu beantworten, wem gegenüber die Pflichten des Sammlers bestehn.

1. Zunächst kann es keinem Zweifel unterliegen, daß sie dem Spender gegenüber begründet sind. Hiervon soll im nächsten Paragraphen dieser Abhandlung die Rede sein.

2. Zweifelhaft erscheint es, ob sich der Sammler durch Verletzung seiner Pflichten auch Dritten gegenüber schadensersatzpflichtig macht, die an der ordentlichen Verwaltung und Verwendung des S. V. interessiert sind, insbesondere den Destinatären, denen es zugute kommen soll. Natürlich haftet der Sammler solchen Personen wie allen anderen gegenüber jedenfalls nach den Grundsätzen des gewöhnlichen Deliktsrechts. Man denke z. B. daran, daß er an die Unterstützungsbedürftigen schuldhaft verdorbene Nahrungsmittel oder Kleider mit Keimen ansteckender Krankheiten austeilt. Abgesehn von diesem Fall aber wird zu unterscheiden sein:

Häufig ist es dem Ermessen des Sammlers überlassen, die Destinatäre erst indirekt zu bestimmen und die ihnen gebührende Leistung festzusetzen. In solchen Fällen wird von einer Pflichtverletzung des Sammlers gegenüber dem Destinatär im eigentlichen Sinn nicht wohl die Rede sein können, wenn er etwa unterstützungsbedürftige Personen unberücksichtigt läßt oder die Gaben nicht nach dem Maße der Würdigkeit und des Bedürfnisses verteilt. Anders dagegen, wenn die Person des Destinatärs von vorneherein individuell feststeht, oder wenn für ihre Bedenkung bestimmte Normen vorgezeichnet sind. Hier liegt es nahe, den Sammler im Verhältnis zum Dritten haften zu lassen,

---

tatsächlich darstellt, seitens eines Sammelkomitees ein Geschäft ausdrücklich für das S. U. abgeschlossen wird ..... das muß hier um so mehr gelten, als der Vertrag nach beiderseitiger Absicht gerade darauf gerichtet war, unter Verwendung des Sammelfonds nach Maßgabe des auf 25 000 M. angenommenen Bestandes, das dem Zweck des S. U. bestimmungsgemäß entsprechende Werk durch den Kläger erstellen zu lassen. In diesen Umständen ist es geradezu ausgeschlossen, daß der Kläger bei dem Ausschusse oder denjenigen Personen, mit denen er als den Beauftragten der Komiteemitglieder den Werkvertrag vereinbarte, die Absicht mit dem eigenen Vermögen persönlich sich zu verpflichten, unterstellte."

wenn er ihm nicht oder nicht in gebührendem Maße Gaben zuweist, oder auch, wenn er zu dessen Nachteil die Masse nicht ordnungsmäßig verwaltet und verwertet. Zwar läßt sich zur Begründung eine positive Gesetzesbestimmung nicht anführen, wohl aber können wir auf analoge Vorschriften des BGB. verweisen. So haften Vorstand und Liquidatoren eines überschuldeten Vereins bei nicht rechtzeitiger Anmeldung des Konkurses den Gläubigern (BGB. § 42 II). Der Testamentsvollstrecker ist bei Pflichtverletzungen nicht nur dem Erben, sondern auch dem Vermächtnisnehmer haftbar (BGB. § 2219). Nachlaßverwalter und Konkursverwalter sind für die Verwaltung der Masse den Gläubigern derselben schlechthin verantwortlich BGB. (§ 1985 II u. CO. § 82). Aus alledem wird man das allgemeine Prinzip entnehmen können, daß die Träger eines selbständigen Verwaltungs- und Verfügungsrechts für die ordentliche Ausübung desselben denjenigen Personen direkt haftbar werden, in deren Interesse sie das Recht wahrzunehmen haben. Bei dem Ehemann wird man hinsichtlich der seiner Verwaltung anvertrauten Gütermasse ein ähnliches Ergebnis auf anderem Wege erzielen, nämlich dadurch, daß die von ihm zu erfüllenden Schulden des eingebrachten Gutes der Frau oder des Gesamtgutes ihn zugleich persönlich treffen (BGB. §§ 1388, 1459 II).

D. Fälle eines selbständigen Verwaltungs- und Verfügungsrechts über fremdes Vermögen begegnen uns auch sonst im Privatrecht. Wie verhält sich dazu die Rechtsstellung des Sammlers?

I. Derselbe ist Träger eines selbständigen Kreises von Rechten und Pflichten mit Bezug auf einen fremden Güterkomplex. Er ist insofern Träger eines Amts. Dies folgt allerdings nicht aus dem Wortlaut des § 1914, der von den zur Verwaltung und Verwendung des S. V. „berufenen" Personen spricht; denn diesen Ausdruck verwendet das BGB. auch in mehrfacher anderer Bedeutung. Wohl aber spricht hierfür die gesamte Stellung des Sammlers, und der Gesichtspunkt, daß er kraft eigenen Rechts und in eigenem Namen fremde Interessen wahrzunehmen hat.

Und zwar ist sein Amt ein privatrechtliches: Er ist

dem Staat oder dem Landesherrn gegenüber nicht kraft öffentlichen Rechts zur Übernahme eines Amtes[1]) bzw. zur Verrichtung der hierzu gehörigen Geschäfte verpflichtet. Träger solcher privatrechtlicher Ämter sind auch im übrigen nicht selten. Hervorgehoben sei der Testamentsvollstrecker § 2197 BGB., Nachlaßpfleger § 1960, Nachlaßverwalter § 1976 f., Vormund § 1773 f., die verschiedenen Pfleger § 1909 f., der Zwangsverwalter eines Nießbrauchsrechts § 1052, der Konkursverwalter CO. § 78 f. Von diesen allen unterscheidet sich nun der Sammler in größerem oder geringerem Umfange.

1. Zunächst was die Entstehung des Amtes betrifft. Dasjenige des Sammlers beruht nämlich weder auf Gesetz noch auf richterlicher Verfügung oder auf einem sonstigen behördlichen Akt, noch endlich auf einem Vertrage mit Dritten. Es entsteht insbesondere nicht erst, wenn bereits Geldbeiträge zum S. V. eingelaufen sind, sondern schon, wenn der Aufruf ergeht. Der freie Wille des Sammlers ist es also, der ihm die amtliche Stellung gewährt.

2. Damit hängt zusammen, daß auch die Stellung des Sammlers bei weitem freier und unabhängiger ist wie die der sonstigen Amtsträger. Er ist nicht wie der Vorstand eines Vereins oder einer Stiftung an ein geschriebenes Statut oder die Beschlüsse einer Mitgliederversammlung gebunden. Er unterliegt nicht wie Vormund, Pfleger, Zwangsverwalter, Nachlaßverwalter, Nachlaßpfleger, Konkursverwalter usw. der Aufsicht des Gerichts. Er ist auch nicht wie der Vormund und Pfleger durch das Erfordernis gerichtlicher Genehmigung beschränkt. Er kann auch nicht aus wichtigen Gründen, namentlich wegen grober Pflichtverletzung oder Unfähigkeit zur ordnungsmäßigen Verwaltung von dem Gericht abgesetzt werden wie ein Vormund, Pfleger oder Testamentsvollstrecker (vgl. BGB. § 2227). Eine solche Befugnis des Gerichts ist zwar, wie bei der Entstehungsgeschichte des § 1914 BGB. schon hervorgehoben, auch für den Sammler in Vorschlag gebracht, aber ausdrücklich abgelehnt worden.

[1]) Vgl. Laband, Staatsrecht des Deutschen Reiches, 4. Aufl. Bd. I S. 338.

In allen diesen Beziehungen ist der Sammler selbständig. Er wählt den Sammelzweck, den Ort, an dem er seine Tätigkeit entfalten will, die Mittel zur Erreichung des Zwecks, bei gewissen S. U. auch den Personenkreis, den er um Gaben angehn will. Ja, er kann sogar das übernommene Amt, wenn ihm das S. V. ausreichend erscheint, durch Zweckverwendung selbständig beendigen.

3. Der Sammler ist zweifellos nicht Vertreter, weder der Spender noch eines etwaigen Destinatärs. Dadurch unterscheidet er sich von einer Reihe von Amtsträgern, die als Vertreter teils unzweideutig vom Gesetz bezeichnet (z. B. Vormund), teils durch eine viel verbreitete Anschauung angesehn werden (z. B. Nachlaßverwalter, Testamentsvollstrecker, Konkursverwalter,[1]) Zwangsverwalter).

4. Ein letzter und wichtiger Unterschied liegt darin, daß der Sammler meist aus idealen Gründen eine größtenteils gemeinnützige Tätigkeit entfaltet, während sonstige Amtsträger ganz individuelle und zwar meist wirtschaftliche Interessen gewisser Einzelpersonen wahrzunehmen haben. Daraus erklärt sich, daß der Sammler für seine Mühewaltung eine Vergütung nicht zu beanspruchen hat, während von den sonstigen Amtsträgern einige (wie z. B. der Konkursverwalter) regelmäßig, andere (wie z. B. die Vormünder, Pfleger, Nachlaßpfleger und Nachlaßverwalter) wenigstens unter Umständen einen Anspruch auf Honorar erlangen.

II. Ein selbständiges Verwaltungs- und Verfügungsrecht hat auch der Träger der elterlichen Gewalt am Kindesvermögen, der Ehemann am eingebrachten Gut der Frau. Von beiden Amtsträgern unterscheidet sich der Sammler unter anderem dadurch, daß er lediglich in fremdem, altruistischem Interesse tätig wird, nicht auch zum eigenen Nutzen, daß er insbesondere nicht wie die beiden genannten ein Nutzungsrecht an der Verwaltungsmasse hat. Überdies weicht er von dem Vater darin ab, daß er nicht wie jener die Stellung eines Vertreters bekleidet.

[1]) Siehe die entspr. Modif. bei A. S. Schultze, Das deutsche Konkursrecht und seine juristischen Grundlagen, S. 65 f.

§ 19.

2. DAS VERHÄLTNIS ZWISCHEN SPENDER UND SAMMLER.

I. Zwischen Spender und Sammler wird durch die Gabe oder Zeichnung ein Rechtsverhältnis begründet:

1. Dasselbe beruht zunächst zweifellos auf einem Rechtsgeschäft; auf die Spende oder Zeichnung finden mithin die allgemeinen Grundsätze des BGB. über Willenserklärungen Anwendung. Die Spendungsgeschäfte sind also nichtig bei Verstoß gegen das Gesetz oder die guten Sitten und bei gewissen Willensmängeln. Sie sind anfechtbar bei Drohung, Täuschung oder Irrtum. Insbesonbere muß dem Spender freistehn, bei Irrtum über Zweck und Bedeutung des S. U. seine Beitragsleistung anzufechten, da der allgemeine Charakter des S. U., wenn nicht zu dem Inhalt des Geschäfts, so doch zu den verkehrswesentlichen Eigenschaften der Leistung gerechnet werden muß. Nimmt man z. B.[1]) an, daß derjenige, der zu einem „Monument" für einen Fürsten Beiträge spendet, sich in dem Irrtum befindet, es handle sich um ein Standbild desselben, während die Sammler irgend ein gemeinnütziges Werk, z. B. Wiederherstellung eines Gebäudes zu seiner Ehrung beabsichtigen, so würde dies die Anfechtung rechtfertigen.

2. Und zwar handelt es sich in der Regel um ein zweiseitiges Rechtsgeschäft, um einen Vertrag.[2]) Das ist wichtig für das Zustandekommen und für die Wirksamkeit des Geschäfts. Für jenes insofern, als sich nach den Grundsätzen des Vertragsrechts die Perfektion des Geschäfts bestimmt. Demnach ist es wichtig, Offerte und Annahme zu unterscheiden. Erstere liegt nicht schon in der Aufforderung des Sammlers zum Beitragen

[1]) Unter leichter Ummodelung des von Bolchini Nr. 10 aus dem Leben mitgeteilten Falles.

[2]) Von dem verhältnismäßig seltenen Falle der Spende durch letztwillige Verfügung braucht im folgenden nicht mehr die Rede zu sein. Die für denselben geltenden Grundsätze ergeben sich teils aus der Analogie der Spende unter Lebenden, teils aus den besonderen Vorschriften über Erbeinsetzung, Vermächtnis und Auflage.

von Spenden; denn es fehlt die erforderliche Bestimmtheit des Addressaten und der Wille des Sammlers schon durch die Erklärung des Spenders gebunden zu werden. Vielmehr liegt nur eine Aufforderung zu Offerten vor. Das wirkliche Angebot ist erst in der Zusendung einer Gabe oder in der Zeichnung durch den Spender zu finden. Mithin ist es dem Ermessen des Sammlers überlassen, ob er durch Annahme der Gabe oder der Zeichnungserklärung den Spendungsvertrag zur Perfektion bringen will.[1])

Andrerseits kommt es zu einem wirksamen Vertragsschluß nur dann, wenn Übereinstimmung der Willenserklärung vorliegt, wenn also Spender und Sammler über alle wesentlichen Punkte einig sind.

3. Der Vertrag kann auf zweifache Arten geschlossen werden, entweder als Konsensualkontrakt oder als Realkontrakt. Der erstere, seltenere Fall ist gegeben bei der Zeichnung, der zweite regelmäßige bei der Realspende. Hier entstehn die vertraglichen Rechte und Pflichten zwischen den Parteien erst mit der Übergabe der Spende an den Sammler. In jedem von beiden Fällen aber ist für den Vertragsschluß eine besondere Form nicht vorgeschrieben.

II. Der Inhalt des Vertrags ist der, daß der Spender dem Sammler ein selbständiges Verwaltungs- und Verfügungsrecht bestellt oder zu bestellen verspricht, während dieser die Verpflichtung übernimmt, die Spenden in der dem Sammelzweck entsprechenden Weise zu verwenden.

1. Es entsteht also nicht etwa zwischen Spender und Sammler ein Bevollmächtigungsverhältnis. Dies folgt schon aus der Zweiseitigkeit des geschlossenen Geschäfts. Allerdings erwirbt der Sammler die Legitimation zu Rechtsgeschäften über das S. V., aber zu solchen, die er in eigenem Namen vornimmt. Deshalb wirken die Willenserklärungen, die der Sammler gegenüber Dritten abgibt (z. B. Dienstpflichtigen, Werkunternehmern, Destinatären usw.) nicht unmittelbar in der Person des Spenders. Deshalb hat er auch nicht für das Verschulden des

[1]) Ob er sich durch Ablehnung den übrigen Spendern verantwortlich macht, ist unten in anderem Zusammenhang zu untersuchen.

Sammlers gemäß § 278 BGB. einzutreten. Deshalb ist auch von dem Widerruf der Legitimation durch den Spender keine Rede, ebensowenig von einer Entziehung derselben durch öffentliche Erklärung. Deshalb finden endlich die Vorschriften des BGB. über den nichtlegitimierten Bevollmächtigten (§ 179 BGB.) auf unseren Fall keine Anwendung, wenigstens keine direkte.

2. Der Vertrag schafft nicht allein eine Legitimation nach außen und hat insofern nicht nur formale Wirkung, sondern er erzeugt im innern Verhältnis der Beteiligten materielle Verpflichtungen, wie im folgenden zu zeigen sein wird (III. u. IV.). Aus dem kritischen Teil ergibt sich, daß sich der Vertrag unter keines der gewöhnlichen Institute des BGB. unterordnen läßt. Insbesondere stehen die Verpflichtungen beider Teile nicht im wechselseitigen Verhältnis der Verbindlichkeiten aus einem gegenseitigen Vertrag. Zwar erwirbt der Spender durch Tradition seiner Gabe den Anspruch auf zweckgemäße Verwendung derselben, aber dieser Anspruch stellt nicht einen Entgelt für die eigene Leistung dar, sondern der Sammler erhält die Gabe mit der Bestimmung, von ihr einen ganz bestimmten Gebrauch zu machen. Hierauf paßt aber die Figur des synallagmatischen Vertrags ebensowenig wie auf den Darlehns-, Hinterlegungs- oder Verwahrungsvertrag, bei welchen die Hingabe einer Summe Geldes den Anspruch auf Rückgabe eines entsprechenden Betrags oder einer bestimmten Sache begründet. Dies ist bereits oben dargelegt (§ 6 der Abhdlg.).

III. Das H a u p t r e c h t ist, wie im vorigen Paragraphen dargelegt ist, ein dingliches Recht. Obligatorische Ansprüche gegen den Spender können ihm aber in zwei Fällen erwachsen.

1. Einmal nach Leistung der Gabe, wenn durch sie schuldhafterweise ein Schaden angerichtet wird, oder wenn sie mit einem rechtlichen oder sachlichen Mangel behaftet ist, für den der Spender einzustehn hat. Dieser haftet allerdings, da der Gesichtspunkt der Liberalität überwiegt, nicht für jedes Verschulden, sondern analog den Vorschriften der Schenkung nur für Vorsatz und grobe Fahrlässigkeit, bzw. nur für Mängel, die er arglistig verschwiegen hat. (BGB. § 521, 523, 524).

2. Vor allem aber steht dem Sammler im Fall der Zeichnung gegen den Spender ein Anspruch auf Erfüllung zu. Daß dieselbe nicht beliebig durch Widerruf des Spenders gegenstandslos gemacht werden kann, daß dieser vielmehr an seine Zeichnung rechtlich gebunden ist, wurde bereits oben dargelegt. Gewiß fehlt dem Sammler an der Verwirklichung des Versprechens ein materielles Interesse. Ebenso sicher aber darf ein solches nicht als Erfordernis für die Entstehung einer Forderung angesehn werden. Gerade in unserem Beispiel zeigt sich mit voller Klarheit, daß auch andere als materielle Interessen den Schutz der Rechtsordnung durch Gewährung eines Forderungsrechtes erlangen können. Demnach kann der Sammler den Spender nicht nur außergerichtlich zur Erfüllung anhalten, sondern auch auf dieselbe klagen.[1]) Er kann auch für den Fall der Nichterfüllung oder der nicht rechtzeitigen Erfüllung Schadensersatz zum S. V. verlangen. Doch wird gerade in dieser Hinsicht die eben dargelegte schwächere Haftung des Spenders von Bedeutung sein. Auch ist zu beachten, daß er Verzugszinsen nach Analogie des § 522 BGB. nicht zu entrichten braucht.

3) Dagegen steht ihm ein Recht auf Erhöhung des Beitrags oder Zahlung von Nachschüssen nicht zu. Wird ein solcher Anspruch sogar im Verhältnis der einander nahestehenden Gesellschafter verneint (BGB. § 707), so muß dies zumal angesichts des liberalen Zwecks der Spende in noch höherem Maße gelten

---

[1]) Nach Bolchini Nr. 141 wäre dagegen zu unterscheiden, ob die Dienstleistungen des Sammlers bedeutsam erscheinen oder nicht, um als Beitrag zu dem Sammelwerk gelten zu können. Im ersteren Fall sei der Sammler Mitglied der (vermeintlichen) Gesellschaft der Spender und könne daher mit der actio pro socio dieselben zur Erfüllung anhalten. Im umgekehrten Fall dagegen sei er nicht Gesellschafter und habe aus diesem Grund keinen Anspruch auf Erfüllung gegen die Spender. Diese ganze Vorstellung muß als unhaltbar bezeichnet werden. Ihr widerspricht, daß der Wert der Sammeltätigkeit als Unterscheidungsmerkmal viel zu unbestimmt ist, daß der Sammler als solcher überhaupt nicht zu den Spendern gehört (cf. Text unter VII), und daß überdies unter denselben ein Gesellschaftsverhältnis nicht besteht (cf. § 12 der Abhdlg.). — Die Frage, ob dem Sammler ein klagbarer Anspruch gegen den Spender zusteht, muß für alle Fälle gleichmäßig behandelt werden.

für die schwächere Rechtsbeziehung zwischen Spender und Sammler.

Ebensowenig ist der Sammler befugt, von dem Spender Decharge zu verlangen. Eine solche ließe sich auch wohl kaum ermöglichen. Der einzelne Spender wäre zur wirksamen Entlassung nicht in der Lage und die Zustimmung aller wäre nur in den seltensten Fällen zu erbringen.

IV. Den Sammler treffen umgekehrt im Verhältnis zum Spender eine Reihe wichtiger Verpflichtungen:

1) Er ist zunächst gehalten, die übernommene Aufgabe zu erfüllen, d. h. das S. V. ordnungsmäßig zu verwalten, zu verwerten und seiner Zweckbestimmung zuzuführen. Und zwar besteht diese Verpflichtung gegenüber dem einzelnen Spender nicht nur hinsichtlich seiner Gabe, sondern bezüglich der gesamten aufgebrachten Mittel, wie sich schon daraus ergibt, daß mit dem Beitrag des einzelnen der gemeinschaftliche Zweck meist nicht erreicht werden könnte. Die dargelegten auf die Masse bezüglichen Verbindlichkeiten kommen natürlich erst mit Empfang der Gaben zur Entstehung.

Wenn nun der Sammler seine Pflichten nicht erfüllt, so kann er zunächst im Wege der Klage hierzu angehalten werden. Zur Erhebung derselben ist jeder Spender für sich allein legitimiert, doch steht natürlich nichts im Wege, daß sich mehrere zur gemeinschaftlichen Klagerhebung vereinigen, wodurch dann eine notwendige Streitgenossenschaft begründet wird.[1]) Die Vollstreckung wird, da die Tätigkeit des Sammlers meist als eine unvertretbare zu gelten hat, im Wege des § 888 ZPO. d. h. durch Androhung von Zwangsstrafen bewirkt werden müssen. In dringenden Fällen, namentlich wenn durch Mißbrauch des Sammlers die Masse gefährdet erscheint, wird auch die prozessuale Sicherheitsmaßregel der einstweiligen Verfügung erwirkt werden können.[2])

---

[1]) Kisch, W., Begriff und Wirkungen der besonderen Streitgenossenschaft, S. 7 f.

[2]) Über die Behandlung des Mißbrauchs seitens des Sammlers im italienischen Recht cf. Bolchini, Nr. 247 f.

2) Dagegen wird der Sammler wohl nicht gehalten sein, nach Art eines Beauftragten den Anweisungen des Spenders Folge zu leisten, ihnen die erforderliche Nachricht zu geben und auf Verlangen über den Stand des Geschäfts Auskunft zu erteilen. Er mag wohl faktisch durch die angegebenen Mittel Fühlung mit den Spendern zu behalten wünschen. Rechtlich dagegen ist er hierzu nicht verbunden. Seine Stellung muß nämlich freier und selbständiger sein als die eines Mandatars. Er übt nicht, wie dieser es in der Regel tut, die Rechte des Spenders in dessen Namen und in dessen Interesse, sondern eigene Rechte in eigenem Namen und im Interesse eines Dritten oder eines öffentlichen Zwecks aus.

3) Damit hängt zusammen, daß der Sammler im Verhältnis zum Spender nicht verpflichtet ist, die Gabe anderer Spender entgegenzunehmen oder auch nur zu behalten. Er muß in der Lage sein, gewisse Spenden mit Rücksicht auf ihren Umfang oder ihren Urheber oder die Umstände ihren Zusammenkommens oder sonstigen Verhältnisses abzulehnen. Er muß aus den gleichen Gründen die Befugnis haben, eine Spende zurückzugeben, deren Verwendung aus einem inzwischen eingetretenen wichtigen Grunde unzweckmäßig erscheint. Man denke an den Fall, daß Beiträge zu frommen Werken in erheblichen Beträgen von einer Firma geleistet sind, die nachträglich unter wenig ehrenvollen Umständen in Konkurs gerät, oder daß die Spenden aus öffentlichen Mitteln in einer vom Parlament nicht gebilligten Weise entnommen werden.[1])

4) Wohl aber steht jedem Spender das Recht zu, für die geleisteten Gaben Quittung zu verlangen. Dieselbe wird freilich nicht durch ein spezielles Empfangsbekenntnis, sondern in den Tagesblättern durch öffentliche Berichterstattung bewirkt, welche

---

[1]) So beschloß z. B. der Ausschuß zur Errichtung eines Kaiser-Wilhelm-Denkmals in Straßburg, die Beiträge, die im Lauf der Jahre 1888—1905 aus dem Dispositionsfonds des K. Statthalters zur Verfügung gestellt waren, abzulehnen, weil einige Abgeordnete des Landesausschusses hierüber abfällige Bemerkungen gemacht hatten und kein Mitglied des Landesausschusses diesen entgegengetreten war (siehe „Straßburger Post" v. 28. März 1906).

periodisch das einstweilige Resultat unter Bezeichnung der Spender und ihrer Gaben mitteilt.

5) Die Hauptgewähr dafür, daß der Sammler mit dem S. V. redlich umgeht, bildet die nach Erreichung des Sammelzwecks erfolgende Rechnungslegung. Das Amt des Sammlers, das mit dem Aufruf für das S. U. beginnt, endigt also noch nicht mit dem Abschluß der Sammeltätigkeit als solcher, auch nicht mit der Erreichung des Sammelzwecks (etwa der Ausantwortung der Gaben an die Destinatäre oder der Enthüllung und Übergabe des Denkmals an die Stadt), sondern erst mit Ablegung der Rechenschaft über das S. V. Dieselbe erfolgt allerdings in der Regel nur bei öffentlichen S. U. und gewöhnlich in denselben Zeitungen, die den Aufruf enthalten hatten. Eine Pflicht des ordentlichen Sammlers, Rechenschaft abzulegen, wird man wohl anerkennen müssen. Es fragt sich nur, wem der korrespondierende Anspruch zusteht. Den Destinatären wird man ihn kaum zugestehn dürfen. Dagegen ist er den Spendern zuzusprechen. Nun sind die Spender regelmäßig gar nicht in der Lage, die Ausgaben und Einnahmen des Sammlers zu überprüfen. Sie werden sich mit der Möglichkeit der Kontrolle, wie sie durch die in den Zeitungen enthaltenen periodischen Berichte gewährt werden, begnügen müssen. Wo an Stelle des Einzelsammlers ein Komitee mit den verschiedenen Ausschüssen arbeitet, wird die Kontrolle sicherer durch die gegenseitige Überwachung der Mitglieder des Komitees geführt.

V. Die Rechte und Pflichten aus dem Spendungsgeschäft erlöschen normalerweise durch die Erfüllung, d. h. durch Zweckverwendung des S. V.

1) Daneben gelten die gewöhnlichen Endigungsgründe der obligatorischen Rechtsverhältnisse. Hervorgehoben sei folgendes:

a) Wie steht es zunächst mit dem Tode eines der Kontrahenten? Daß mit dem Ableben des Sammlers die ihm obliegenden Pflichten erlöschen und nicht etwa auf den Erben übergehn, ist an anderer Stelle dargelegt.[1]) Stirbt dagegen ein

[1]) § 18 d. Abhdlg.

Spender, so gehn die bisher für ihn begründeten Rechte unverändert auf die Person seines Erben über. Insbesondere erwirbt dieser das Alleineigentum der Naturalspenden oder das Miteigentum an dem S. V. in dem Umfang, wie es seinem Erblasser zustand. Und andrerseits ist er verpflichtet, einen von diesem etwa gezeichneten Beitrag zu zahlen und die Verwendung der Spende zu dem Sammelzweck zu dulden.[1])

b) Mit dem zufälligen Untergang eines einzelnen Naturalbeitrags erlöschen die Rechte und Pflichten des betr. Spenders gegenüber dem Sammler. Geht die Gabe zwischen Versprechen und Leistung unter, so wird der Zeichner befreit. Wird sie dagegen nach ihrer Einwerfung von dem vernichtenden Zufall betroffen, so verliert der Spender nicht nur das Eigentum sondern auch den bisherigen obligatorischen Anspruch gegen den Sammler auf Zweckverwendung seiner Gabe und erst recht der übrigen Spenden.[2])

c) Endlich erlischt das Vertragsverhältnis zwischen Spender und Sammler durch zufällige Unmöglichkeit der Erreichung des Sammelzwecks. Dieselbe bewirkt die Beendigung, wie sie in Fällen ursprünglichen Eintritts die Nichtigkeit des Vertrags begründen würde.[3]) Allerdings nicht unter dem Gesichtspunkt, daß die zufällige Unmöglichkeit der einen Leistung

---

[1]) Anders in breiter Ausführung Bolchini Nr. 254—260. Derselbe gerät von seinem Standpunkt aus (Gesellschaft der Spender) in erhebliche Schwierigkeiten, deren befriedigende Lösung ihm wohl nicht gelungen ist; ein weiteres Argument gegen seine Theorie überhaupt!

[2]) Auch in dieser Beziehung möchte Bolchini Nr. 242—246 die Grundsätze von der Gesellschaft verwerten. Danach würde der Verlust des geleisteten Naturalbeitrags sämtliche Spender als Miteigentümer treffen und die Zugehörigkeit des Gebers zu der (vermeintlichen Gesellschaft) nicht beseitigen. Da aber der Genannte selbst die Unzweckmäßigkeit solcher Ergebnisse nicht verkennt, ist er gezwungen, aus dem Parteiwillen und der Natur des geleisteten Objekts (ob bloßer Träger eines ökonomischen Werts oder ob unersetzbar im Rechtssinn) abweichende, den Verhältnissen besser entsprechende Folgerungen abzuleiten.

[3]) Ein Beispiel bei Bolchini Nr. 225: Gesammelt war für die Hinterbliebenen der bei einem Ausstellungsbrand in Como umgekommenen Personen; es stellte sich heraus, daß Menschen nicht betroffen worden waren.

die Gegenleistung erlöschen läßt. Denn Spender und Sammler stehn nach dem früher Erklärten zu einander nicht in einem synallagmatischen Verhältnis. Wohl aber ist mit Unmöglichkeit der Zweckverwendung die causa des obligatorischen Spendungsgeschäfts beseitigt und aus diesem Grunde seine Wirksamkeit aufgehoben.[1])

Eine solche Unmöglichkeit kann durch den Untergang des S. V. begründet werden. Häufig wird sie auch damit zusammenhängen, daß die aufgebrachten Mittel unzureichend bleiben. Sie kann aber auch trotz Fortbestand oder Zulänglichkeit des S. V. aus sonstigen Gründen eintreten. Hauptfälle sind: Der zu Bedenkende stirbt oder verweigert die Annahme;[2]) der Staat untersagt die Errichtung des geplanten Denkmals; die beabsichtigte Anbringung einer Erinnerungstafel an das Wohnhaus eines Dichters scheitert am Widerstand des Eigentümers; der Redakteur, der in erster Instanz verurteilt war und zu dessen Gunsten eine Sammlung veranstaltet war, wird in zweiter Instanz freigesprochen.[3]) Die Preisausschreibung, für welche die Mittel im Wege der Sammlung aufgebracht waren, erzielt keinen oder keinen genügenden Erfolg usw.[4])

---

[1]) Kisch, W. Die Wirkungen der nachträglich eintretenden Unmöglichkeit der Leistung, S. 49 f.

[2]) So der französische Oberst Picquart den ihm angebotenen Ehrensäbel, für welchen die Mittel durch eine Sammlung in Ungarn aufgebracht waren.

[3]) Fall aus dem Leben mitgeteilt von Bolchini Nr. 527.

[4]) Vgl. auch Dalloz, Repert. 39 S. 811, 812 und sub „souscription" Dalloz, Recueil périodique 1903, VI 121. „La personne au profit de laquelle une souscription publique a été ouverte, malgré son opposition, et qui n'en accepte pas le produit, a intérêt à ce que les souscripteurs soient prévenus du refus qu'elle a opposé dès la première heure et soient ainsi mis en mesure de prendre toutes décisions utiles. Mais elle est sans qualité pour se préoccuper de la restitution des fonds versés et pour en poursuivre elle-même le remboursement aux souscripteurs; l'organisateur de la souscription détenant ces fonds comme mandataire n'en doit compte qu'aux souscripteurs et la question de l'emploi à faire de la somme recueillie est à débattre entre eux et lui." [Cours d'appel de Paris 21 oct. 1902.]

2) Welche Rechtswirkung äußert nun die eben dargelegte Unmöglichkeit des Sammelzwecks?

a) Die regelmäßige Folge wird Beendigung des S. U. sein. Dementsprechend hört die Zweckgebundenheit des zusammengebrachten Vermögens auf. Das Miteigentum der Spender hat nicht mehr bloß theoretische, sondern erlangt praktische Bedeutung. Der Sammler wird verpflichtet, den Spendern ihre Beträge zurückzuerstatten, und zwar Naturalspenden in specie, (soweit sie im Rahmen ordnungsmäßiger Verwaltung versilbert und durch ihren Geldwert ersetzt sind, werden sie wie Geldbeträge behandet), Geldbeträge dagegen durch Zahlung einer entsprechenden Summe.

In letzterer Hinsicht ist jedoch ein Doppeltes zu beachten: Einmal ist die Rückzahlungspflicht nicht wie bei sonstigen Geldleistungen eine Bringschuld, sondern eine Holschuld, d. h. dem Spender wird zugemutet werden müssen, sich den geleisteten Beitrag von dem Sammler zu holen. Das hat den Vorteil, daß dieser nicht gehalten ist, nach Persönlichkeit und gegenwärtigem Wohnsitz des Spenders zu forschen, sondern diesem die Abnahme des Beitrags überlassen kann, was gerade für den nicht seltenen Fall bedeutsam wird, daß der Spender auf den Rückempfang seiner Gaben keinen Wert legt: er wird sich eben untätig verhalten. Der Sammler wird aber die Verpflichtung haben, die Unmöglichkeit des Zwecks bekannt zu geben, und zwar grundsätzlich in der Form, die für seinen Rechenschaftsbericht vorgesehen ist (im Normalfall), d. h. durch Publikation in bestimmten öffentlichen Blättern.

Dieser Weg wird nun auch in der Praxis für die geschilderten Fälle regelmäßig eingeschlagen. Sodann ist es möglich, daß das S. V. entweder einen Zuwachs erhalten hat, z. B. durch die aufgelaufenen Zinsen oder — was häufiger zutrifft — eine Verminderung infolge der Verwaltungskosten (z. B. Auslagen für die Aufbewahrung und Verwertung der Masse, die darauf bezüglichen öffentlichen Publikationen, die Korrespondenz, die Besoldung der mit dem Einkassieren der Beiträge betrauten Hülfspersonen, aber auch für die Voranschläge zu dem beabsichtigten Werk, für die Preise an die konkurrierenden Künstler usw.). Während nun ein etwaiger Zuwachs, wie anderwärts dargelegt, den Spendern nicht zustatten kommt, haben dieselben den Ausfall nach Verhältnis ihrer Gaben zu tragen. Sie erhalten also in der Regel einen geringeren als den geleisteten Beitrag zurückerstattet. Dies gilt ohne Zweifel bezüglich der in Geld bestehenden oder umgewandelten Beiträge. Wie verhält es sich aber mit den in specie zurückzugebenden Objekten? Man wird hier dem Sammler nicht zumuten können, den Gegenstand ohne weiteres herauszugeben.[1]) Die Kosten der Verwaltung des gesammelten Vermögens überhaupt in einem dem Wert der Naturalspenden verhältnismäßig entsprechenden Teil stellen sich als eine Verwendung auf dieselben dar. Aus diesem Gesichtspunkt ergibt sich, daß der Sammler berechtigt ist, die Naturalspenden bis zum Ersatz des soeben bezeichneten Kostenbetrags zurückzubehalten (§ 273 BGB.) und auch die sonstigen Rechte des Retinenten geltend zu machen. Diese Lösung dürfte der Billigkeit und dem praktischen Bedürfnis am besten entsprechen.

b) Häufig liegt es aber nicht in dem Sinn der Beteiligten, das S. V. aufzulösen und den Spendern wieder zuzuführen. Und zwar wird dies um so eher der Fall sein, je größer die Zahl der Spender, je geringfügiger die Gabe der Einzelnen, je allgemeiner und unpersönlicher der verfolgte Zweck, je schwieriger die Auseinandersetzung der Masse und je bedeutender die schon bisher verursachten Kosten erscheinen.

Hier entspricht es den Verhältnissen, daß der Sammler die aufgebrachten Mittel zu einem anderen, dem ursprünglichen möglichst verwandten Zweck verwenden darf. Es gelten dann dieselben Grundsätze wie bezüglich eines noch verbleibenden Überschusses, von welchem in anderem Zusammenhang die Rede war. Nur ist hier auf den Willen der Spender Rücksicht zu nehmen, von denen vielleicht ein erheblicher Teil mit der neuen Zweckbestimmung nicht einverstanden wäre. Zu diesem Behuf wird der Sammler gehalten sein, in der früher dargelegten Weise mit der Unmöglichkeit der Erreichung des bisherigen Zwecks

[1]) Wie dies Bolchini Nr. 244 wenigstens für gewisse Fälle behauptet.

auch die beabsichtigte neue Verwendung öffentlich kund zu geben und die nicht einverstandenen Spender zur Abhebung ihrer Beiträge binnen angemessener Frist aufzufordern. Nach fruchtlosem Ablauf derselben darf die geplante neue Zweckverwendung zur Ausführung gelangen. Es handelt sich hier streng genommen nicht so sehr um die Beendigung des S. U., sondern um ihre Ersetzung durch ein neues Unternehmen verwandten Charakters.[1])

VI. Nicht selten bleibt die Person des Spenders den Beteiligten unbekannt. Das ist in mehrfacher Weise denkbar. Oft genug wünscht der Geber aus Gründen des Taktes, der Bescheidenheit, der Zurückhaltung nicht hervorzutreten. Er übergibt dann den Beitrag persönlich, ohne sich weiter zu legitimieren, oder sendet denselben ohne jeden Zusatz oder unter Angabe eines unrichtigen Namens oder unter Gebrauch einer Umschreibung (ein aufrichtiger Verehrer, dankbarer Schüler usw.).[2])

---

[1]) So wurde der von Picquart abgelehnte Ehrensäbel dem Budapester Museum überwiesen. — Die Mittel ferner, die für die Hinterbliebenen der vermeintlich in der Ausstellung umgekommenen Menschen gesammelt waren (Bsp.), wurden in sonstiger Weise zum Nutzen der Ausstellung verwendet. — Der Unterstützungsfonds für den zunächst verurteilten, dann freigesprochenen Redakteur (Bsp.) wurde nach einer Mitteilung in seinem Blatt als Reservefonds für künftige Verurteilungen dieser Art zurückbehalten. cf. Bolchini Nr. 227. — Der Genannte unterscheidet hierbei mit Recht einen anderen Fall: Zur Feier der Vollendung des Simplontunnels sollte 1905 eine Ausstellung in Mailand stattfinden, für welche Mittel im Wege der Sammlung aufgebracht waren. Als die Vollendung des Tunnels sich verzögerte, beschloß das Komitee nach Anhörung der Gutachten namhafter Juristen die Verlegung der Ausstellung auf das Jahr 1906. Darin liegt nicht eine neue Zweckverwendung in dem oben dargelegten Sinn: Es wird weniger der Zweck des S. U. als die Modalitäten seiner Ausführung geändert. An eine solche sind die Spender gebunden und sie dürfen mithin nicht wie im Fall des Textes die bereits geleisteten Beiträge zurückverlangen.

[2]) Es kann eine Sammlung unter Umständen sogar veranstaltet werden, welche sowohl die Person der Geber als auch die Höhe ihrer Beiträge nicht erkennen läßt. Doch wird hier nur darauf zu achten sein, ob es sich um wahre S. U. oder nicht vielmehr um andere Rechtsbildungen handelt; letzteres ist beispielsweise der Fall bei den sog. Kollekten,

Oft tragen zu einer und derselben Spende auch eine Mehrheit von Personen bei, deren Zusammensetzung später sich nicht mehr ermitteln läßt (eine Ausflugsgesellschaft, Mittagstisch, Skattisch). Weiterhin ist es denkbar, daß zwar der Spender die Absicht der Anonymität nicht hat, aber aus irgend einem Grunde nicht erkennbar ist oder bleibt (z. B. weil er seinen Namen zu undeutlich geschrieben oder die zu seiner Identität dienenden Urkunden später abhanden kommen). Endlich kann es sein, daß er zwar ursprünglich bekannt war, aber nachträglich verschwindet, (z. B. nach einem unbekannten Ort verzieht) oder stirbt, ohne daß seine Erben bekannt oder zugänglich sind.

Klingebeutel oder Einwurf von Gaben in den Opferstock. Auf solche Fälle finden die in dieser Arbeit entwickelten Grundsätze größtenteils keine Anwendung. Vgl. Decret (franz.) vom 12. Sept. 1806; ferner Gesetz vom 7. frim. V (B. des L. Série II Nr. 890), dessen Fortdauer angeordnet ist durch Etat-Gesetz (zuletzt) v. 16. VI. 40 Art. 9 (B. des L. Série IX Nr. 8721) Dalloz, Suppl. au répert. Bd. 16 S. 34 § 5 des loteries de bienfaisance § 6. Des quêtes, collectes et des troncs pour les pauvres ou dans l'intérêt de bienfaisance.

Ferner Bd. 19 S. 304 der Revue critique de législation et de jurisprudence (1880) Nouvelle série: Seligman, L'administration municipale et les comités particuliers de bienfaisance.

Geigel, Das reichsländische Staatskirchenrecht cf. unter „Kirchliche Sammlungen" S. 10, 38. Hauskollekten S. 11. — S. 130: „Über die für Kultus- oder sonstige öffentliche Bauten gesammelten Bauten bleibt der Bürgermeister oder Pfarrer rechnungspflichtig, selbst wenn die Beitragleistenden ihn ausdrücklich von der Rechnungslegung entbunden oder ausbedungen haben, daß nicht der Geldbetrag, sondern nur der hieraus bestrittene Bau als geschenkt zu erachten sei. — Vgl. S. 93: Gem. Art. 63 d. Ges. v. 18. VII. 1837 können Sammelbeiträge beigetrieben werden, ferner S. 433 l. c. (meist öffentlich-rechtlich). Für kirchl. Kollekten etc. cf. Dalloz Jurispr. gén. 1882 (257) Cour de Caën 12. I. 1881. — Dalloz, l. c. 1887, Conseil d'état, 20 Nov. 85 (3.53).

Für Preußen: Kirchen- und Hauskollekten: Instr. vom 31. Dez. 1825 § 11 e (Gesetzsmlg. 1826 S. 4). — A. E. v. 15. VI. 64 (l. c. 1864 S. 352). — Bestimmungen über die Einführung von Kirchenkollekten und über die Verwendung des Ertrags derselben (Kirchen-O. v. 10. Sept. 1873 § 65 Nr. 4 u. 8 Gen. Syn. O. v. 20. I. 76 § 13; Ges. v. 3. VI. 76 Art. 10 Nr. 4, Art. 24 Nr. 7) dgl. für die evang. Kirchen in Schleswig-Holstein u. d. Kons. Wiesbaden (Ges. 6. IV. 78 Art. 22. 32 Nr. 7) dgl. in kath. Kirch. (Ges. 7. VI. 76 § 2 Nr. 8).

Für alle diese Fälle werden übereinstimmend folgende Grundsätze zu gelten haben. Rechtlich tritt zunächst die gleiche Behandlung ein, wie wenn der Geber bekannt gewesen und geblieben wäre. Derselbe ist also nach wie vor Alleineigentümer der Spenden oder Miteigentümer des S. V. nach Verhältnis des Werts des Geldbeitrags. Die aus dem Spendungsgeschäft erwachsenden Rechte und Pflichten gelten für ihn wie für alle übrigen Beitragenden. Insbesondere steht auch ihm der Anspruch auf Rückgabe zu, wenn der Sammelzweck aus irgend einem Grunde unerreichbar wird. Daß er dieses Recht nicht entbehrt, tritt in dem Falle hervor, daß er nachträglich auf irgend eine Weise erkennbar wird, daß er namentlich in der Lage ist, seine Identität mit dem anonymen Geber in bestimmter Weise darzutun. Es besteht hier kein Grund, ihm den Rückgabeanspruch zu versagen. In seiner ursprünglichen Zurückhaltung dürfte nicht ohne weiteres ein Verzicht auf denselben erblickt werden, da dieses Verhalten keineswegs auf der Absicht zu beruhn braucht, den Sammler oder gar die übrigen Spender zu Eigentümern seines Beitrags zu machen.

Wohl aber ist der Fall in tatsächlicher Beziehung anders als der normal gelagerte. Die Rechte des unbekannten Spenders sind nicht bloß wie die der übrigen während der Zweckgebundenheit des S. V. praktisch bedeutungslos, sondern sie bleiben dies auch bei Nichterreichbarkeit des Sammelzwecks. Wird also das S. V. an die übrigen Spender zurückerstattet, so kann er wegen seiner faktischen Unbekanntheit nicht berücksichtigt werden. Seine Beiträge fallen nicht in sein freies Vermögen zurück. Sie werden allerdings auch nicht Eigentum des Sammlers, ebensowenig werden sie auf die übrigen Spender nach Verhältnis verteilt, sondern sie werden behandelt wie ein etwaiger Zuwachs oder ein Überschuß der Masse. (Vgl. oben V 2a und § 17 IV d. Abhdlg.).

Soll umgekehrt nach Absicht der bekannten Spender der Sammler die durch den ursprünglichen Zweck nicht mehr gebundene Masse einem anderen Zweck zuführen, so steht dem die Anonymität einzelner oder auch vieler Spender nicht im

Wege, im Gegenteil: Es wird jedenfalls in den Fällen, in denen die Unbekanntheit der Spender auf ihren Willen zurückgeht, ihrer Absicht durchaus entsprechen, wenn sie bei Verwendung des S. V. (zu einem dem ursprünglichen verwandten Zweck) außer Betracht und ohne Einfluß bleiben. Es besteht auch kein Grund, sie anders zu behandeln als etwa die bekannten Spender, die trotz Aufforderung des Sammlers der von diesem beabsichtigten neuen Zweckverwendung nicht widersprochen haben (cf. V 2 b).[1])

VII. Zum Schluß bleibt die Frage zu beantworten, ob und inwieweit der Sammler selbst als Spender angesehen werden kann.

1) Er ist es zweifellos, wenn und insoweit er wie die übrigen Spender dem S. V. eigene Gaben zuführt. Sein Beitrag teilt dann die Schicksale der übrigen Masse. Daß er daran Alleineigentum behält oder an dem S. V. Miteigentum erwirbt, hat keine praktische Bedeutung, solange die Zweckgebundenheit dauert. Nur wenn die Erreichung des Zwecks unterbleibt, tritt sein in der Spendereigenschaft begründetes Recht praktisch hervor. Er kann wie jeder andere Beitragende die Naturalspende selbst oder eine seinem Geldbeitrag entsprechende Summe dem S. V. entnehmen. Und zwar darf er dies nach Analogie der im § 181 BGB. enthaltenen Annahme durch eigene Handlung, da es sich um Erfüllung einer Verbindlichkeit handelt, die ihm gegenüber besteht.

2) Wie steht es aber, wenn der Sammler der Masse keinen Gegenstand aus seinem eigenen Vermögen zuführt, sondern sich damit begnügt, dem S. U. seine vielfach mühevolle Tätigkeit zu widmen? Mit Rücksicht auf den unter Umständen erheblichen Wert dieser Dienste könnte man geneigt sein, auch in solchen Fällen dem Sammler die Eigenschaft eines Spenders zuzuerkennen,

---

[1]) Nach dem Gesagten ist es nicht nötig, mit Bolchini Nr. 214 f. zu unterscheiden, je nachdem die Unbekanntheit des Spenders auf seinen Willen zurückgeht oder nicht. Ein solcher Unterschied kann gerade aus dem Grunde nicht gemacht werden, weil der gleichen Behandlung des unbekannten mit dem bekannten Spender nicht rechtliche, sondern tatsächliche Hindernisse entgegenstehn.

wie ja auch die Beiträge eines Gesellschafters nach ausdrücklicher Gesetzesvorschrift in Diensten bestehn können (§ 706 III BGB).[1]

Allein diese Vorstellung ist unfruchtbar, unnatürlich, unzutreffend. Unfruchtbar, weil sie dem Sammler nicht mehr Rechte gibt als sie ihm ohnehin kraft seiner selbständigen Verwaltungs- und Verfügungsbefugnisse zustehn. Unnatürlich, weil seine Stellung zum S. V., wie aus § 18 der Abhandlung hervorgeht, eine völlig andere als die der Spender ist. Theoretisch von geringerem Wert (da das Verfügungsrecht hinter dem Eigentum an Fülle zurückbleibt), faktisch aber bei weitem einflußreicher, da seine Befugnis die der Spender völlig zurücktreten läßt. Unzutreffend endlich, weil dem Sammler nach dieser Vorstellung ein Anteil an dem S. V. gewährt werden müßte, was der Absicht der Beteiligten widerspricht, was in Ermangelung eines Gesellschaftsvertrags keine rechtliche Grundlage hat, und was überdies praktisch undurchführbar ist, weil das Wertverhältnis der Sammeltätigkeit zu der Masse nicht mit Sicherheit bestimmt werden kann.[2])

§ 20.

3. MEHRHEIT VON SAMMLERN.

Die Ausführungen in § 18 dieser Abhandlung gelten gleichmäßig für jedes Sammelorgan, sei es, daß ein Einzelner oder mehrere selbständige Sammler, sei es auch, daß eine Kommission oder ein Komitee[3]) das S. U. veranstaltet. Von diesem letzteren Falle nun, der bei weitem der häufigere ist, soll im Folgenden die Rede sein.

A. Man hat aufgestellt, die Komiteemitglieder bildeten einen

---

[1]) In der Tat betrachtet Bolchini von seinem Standpunkt aus den Sammler wenigstens bei entsprechendem Wert seiner Dienste als Teilnehmer der von ihm gegründeten Spendergesellschaft.

[2]) Aus diesem letzteren Grunde muß auch die Unterscheidung Bolchinis je nach dem größeren oder geringeren Wert der geleisteten Dienste entschieden abgelehnt werden.

[3]) Komitee, franz. Comité, engl. Committee, abgeleitet von to commit (beauftragen, anvertrauen).

Vgl. auch über den Begriff des Komitees: Encyclop. Britann. 10. edit. vol. XXVI S. 686.

nicht rechtsfähigen Verein.[1]) Durch diese Annahme wäre insofern ein Vorteil erreicht, als die Aufnahme neuer Mitglieder ermöglicht würde. Es bliebe aber der bedenkliche Nachteil, daß ebenso gut die alten Komiteemitglieder beliebig ausscheiden könnten, was nicht im Einklang stände mit dem praktischen Bedürfnis, die Sammlerstellung nur durch Vertrauensmänner der Spender bekleiden zu lassen. Gewiß sind Fälle, wie sie der Vertreter dieser Theorie im Auge hat, denkbar:[2]) Es liegt dann aber wohl ein nicht rechtsfähiger Verein, dagegen kein S. U. vor; ist es doch recht gut denkbar, daß auch ein nicht rechtsfähiger Verein einen vorübergehenden Zweck verfolgt, der mit einem S. U. nichts zu tun hat.

B. I. Richtiger Ansicht nach bilden die Komiteemitglieder eine Gesellschaft, deren Zweck gerichtet ist auf Schaffung eines S. V. im Wege des S. U. Das Ende dieser Gesellschaft fällt mit der Verwirklichung des Sammelzwecks zusammen.[3])

---

[1]) Kiepert, S. 49. Vgl. Petri, Das öff. Vereins- u. Versammlungsrecht f. E.-L. S. 8.

Das schon mehrfach erwähnte Urt. des O. L. G. Karlsruhe faßt das Komitee als Gesellschaft auf; allerdings kommt für die dort entschiedene Frage noch französisches Recht insoweit zur Anwendung, als die Komiteemitglieder nicht samtverbindlich haften.

[2]) Ein Komitee zur Erbauung eines Bismarckturms in einer kleinen Kreisstadt, in das während der mehrjährigen Sammelperiode die jeweiligen Spitzen der Staats- und Kommunalbehörden usw. aufgenommen werden, bildet einen nicht rechtsfähigen Verein n. Kiepert. — Dies kann sehr wohl der Fall sein, ob man dann aber noch von einem Komitee für ein S. U. sprechen kann, das einen vorübergehenden Zweck verfolgt?

[3]) So auch für die Regel Bolchini Nr. 147 f.: Derselbe macht aber eine Unterscheidung, je nachdem die mehreren Sammler lediglich den Zweck der Spender als fremden oder aber die Erreichung des Sammelzwecks auch als eigene, persönliche Angelegenheit betrachten: im zweiten, nicht auch im ersten Falle wären sie Gesellschafter. Aber diese Unterscheidung beruht, abgesehen von der schweren praktischen Erkennbarkeit ihres Kriteriums, auf einer Verwechslung. Der unmittelbare Gesellschaftszweck ist für das Sammelkomitee nicht der Sammelzweck als solcher, sondern die gemeinschaftliche Ausübung der Sammelrechte und -pflichten. Das Komitee als solches steht aber den Spendern und dem Zweck des S. U. nicht anders gegenüber als der Einzelsammler.

II. Das Komitee entsteht, sobald mehrere Personen sich dahin einigen, unter der Bezeichnung als Komitee mit gleichzeitiger Angabe ihrer Namen ein S. U. zu veranstalten; daß sie diese ihre Absicht einem mehr oder weniger großen Personenkreis bekannt machen, gehört schon zur Ausführung, nicht mehr zur Gründung des Gesellschaftsvertrags. Die Konstituierung zum Komitee bringt gewöhnlich die gleichzeitige Verteilung der einzelnen zur Verwaltung des S. V. erforderlichen Ämter mit sich. Die Existenz eines Komitees ist aber nicht etwa durch vorgängigen Vermögenserwerb bedingt.[1])

III. Komiteemitglied oder Gesellschafter ist, wer an dem eben geschilderten Entstehungsakt sich beteiligt hat oder nachträglich in rechtswirksamer Weise dem Komitee beitritt. Das Mitglied muß nun rechtlich an seine Mitgliedschaft gebunden sein. Es ist zwar Jedermanns freier Wille einem Komitee beizutreten; wenn er es aber tut, so übernimmt er damit auch die rechtliche Verpflichtung, Komiteemitglied zu bleiben. Die Sachlage ist nicht anders zu beurteilen,[2]) als wenn ein Einzelsammler die Durchführung eines S. U. übernimmt. Wie man hier nicht annehmen kann, daß jemand, nachdem er Tausende von Mark gesammelt hat, berechtigt sei, eines Tages ohne stichhaltigen Grund die begonnene Arbeit aufzugeben, so können wir auch nicht zugeben, daß ein Komiteemitglied nach Belieben aus einem Komitee austritt.[3])

---

[1]) So Krückmann, a. a. O. S. 228. — Jhering (a. a. O. S. 27) faßt die Bezeichnung „Komitee" als eine bloße Kollektivbezeichnung für die einzelnen Mitglieder desselben auf. Danach sind immer nur die einzelnen Mitglieder desselben gemeint, wenn von Komitee gesprochen wird. Jedes Mitglied kann sich im allgemeinen der zugesagten Mitwirkung vorübergehend oder dauernd enthalten und jederzeit seinen Austritt erklären, ohne daß sich hieran rechtliche Folgen knüpften. Unter Umständen soll jedoch das Komitee auch als Personengemeinschaft gelten können (S. 72 a. a. O.). — Über den Begriff des Komitees im französ. Recht siehe Dalloz, Répert. de législ. Bd. 8 S. 493 sub comité. — Dalloz, Jurispr. gén. 1897 Cour de Grenoble 4 août 1896 u. Cour de Cassation 2 août 1897 (1898). — [2]) Kleemann, S. 71.

[3]) Nach Planck, Komm. z. BGB. Bd. IV Anm. 1b zu § 1914 läßt sich die Frage, ob ein Verzicht auf die Weiterführung der Verwaltung zulässig ist, nicht allgemein, sondern nur nach den Umständen des einzelnen Falls entscheiden.

1. Eine Kündigung durch einen Gesellschafter ist nur dann zulässig, wenn ein wichtiger Grund vorliegt (§ 723 BGB.) Dasselbe gilt von dem Ausscheiden eines Komiteemitglieds. Wollte man das Austreten der Komiteemitglieder so erleichtern, wie manche es wollen, so würden sich die Komitees oft völlig auflösen und dadurch sehr häufig die Notwendigkeit der Einsetzung einer Pflegschaft n. § 1914 BGB. an die Gerichte herantreten lassen. Es stände dies mit der Tendenz des § 1914 BGB. nicht im Einklang, nach welcher eine Pflegschaft nur eintreten soll, wenn die zur Verwaltung und Verwendung berufenen Personen weggefallen, d. h. gestorben, verzogen oder geschäftsunfähig geworden oder in sonstiger anormaler Weise ausgeschieden sind. Nicht einmal Vermögensverfall, Pflichtverletzung, Unfähigkeit, also noch weniger ein freiwilliges Ausscheiden könnte die Einsetzung einer Pflegschaft und damit den Austritt aus dem Komitee ermöglichen.[1])

Selbstverständlich kann aber ein Komiteemitglied, das die Interessen der Gesellschaft schädigt, gemäß § 737 BGB. ausgeschlossen, und es kann n. § 712 l. c. ihm die Befugnis zur Geschäftsführung entzogen werden, wenn ein wichtiger Grund vorliegt. Was also einem Einzelsammler nicht geschehn darf, kann einem Komiteemitglied seitens der übrigen im Interesse des S. U. widerfahren. Darauf beruht, was die Sicherheit der Spender anbelangt, der große Vorzug der Komitees vor dem Einzelsammler.

An sich würde durch eine zu Recht erfolgende Kündigung, durch den Tod eines Mitglieds oder die Eröffnung des Konkurses über das Vermögen eines Gesellschafters das Komitee aufgelöst werden (§§ 727, 728 BGB.); ist in dem Gesellschaftsvertrage, den die Komiteemitglieder geschlossen haben, nicht ausdrücklich das Gegenteil bestimmt (§ 736 BGB.), so wird man hier dem ganzen Charakter des S. U. entsprechend eine dahingehende stillschweigende Vereinbarung der Komiteemitglieder annehmen müssen.

---

[1]) Vgl. Fischer-Henle, Handausgabe des BGB. 7. Aufl. Anm. zu § 1914.

2. Was die Pflichten der Komiteemitglieder, insbesondere gegeneinander angeht, so müssen sie die versprochenen Beiträge leisten. Diese brauchen bekanntlich keine Gegenstände im technischen Sinn zu sein. Vielmehr kann n. § 706 III BGB. der Beitrag eines Gesellschafters auch in der Leistung von Diensten bestehn. Hiernach leistet zweifellos jedes Komiteemitglied einen Beitrag; ein solcher kann allenfalls auch in der Hergabe eines Namens bei Unterzeichnung eines Aufrufs bestehn.[1]) Die Eigenart der Gesellschaftsbeiträge erklärt sich aus dem Zweck, der hier ein idealer ist, d. h. nicht auf die Förderung des privaten Vermögensinteresses der gesellschaftlich Verbundenen geht.

Außerdem haben die einzelnen Mitglieder auf Grund des Gesellschaftsvertrages den gemeinsamen Zweck zu fördern. Weitere Verpflichtungen ergeben sich namentlich in Ansehung der Geschäftsführung, namentlich die Pflicht zur Auskunfterteilung an die übrigen, zur Einholung und Befolgung von Anweisungen, zur Herausgabe aller durch die Geschäftsführung erlangten Vermögenswerte, insbesondere der eingelaufenen Beiträge, an das Gesellschaftsvermögen (§§ 713, 664—670 BGB.)

3. Die Komiteemitglieder haben, was ihre Rechte betrifft, die Vertretung des S. U. nach außen und die Geschäftsführung nach innen. In der Regel besteht allerdings innerhalb des Komitees ein sog. geschäftsführender Ausschuß; dessen Mitglieder bekleiden die Stellung von geschäftsführenden Gesellschaftern (§§ 710 — 713 BGB.), handeln, falls der Gesellschaftsvertrag nichts Besonderes bestimmt, Dritten gegenüber für das Komitee (§ 714 BGB.).

Wenn auch jedes einzelne Mitglied berechtigt ist, mit Wirkung für und gegen das Komitee Rechtsgeschäfte vorzunehmen, so hat es doch nicht ohne weiteres auch Prozeßvollmacht; diese muß ihm besonders erteilt werden.

IV. Die Beschlüsse der Gesellschaft setzen grundsätzlich

---

[1]) Kleemann, S. 75.

[2]) Über die Frage der Prozeßlegitimation siehe O. L. G. Karlsruhe, l. c. S. 485.

Übereinstimmung aller Mitglieder voraus (§ 709 BGB.) Das würde an sich auch für das Sammelkomitee gelten. Und in der Tat gibt es Fälle, in denen diese Regelung als gewollt zu gelten hat und zwar bei geringer Anzahl von Mitgliedern. In aller Regel freilich, und zwar um so mehr, je zahlreicher die Zusammensetzung sein wird, muß das Prinzip der Majorität als im Gesellschaftsvertrag gewollt gelten. Und zwar ist hier eine ausdrückliche Willenserklärung nicht erforderlich. Die Mehrheit berechnet sich dann nach der Zahl der Mitglieder, schon um deswillen, weil eine Ungleichheit der Anteile faktisch hier nicht vorkommen kann.

V. Das Gesellschaftsvermögen setzt sich aus aktiven und passiven Bestandteilen zusammen.

1. Jene werden gebildet nicht etwa durch das S. V., dessen Eigentum nach der früher entwickelten Ansicht den Spendern verbleibt, sondern durch die Gesamtheit der Sammelrechte, insbesondere durch die Befugnis zur Verwaltung, Verwertung und Verwendung der Masse. Natur und Tragweite dieser Rechte werden durch den Umstand nicht verändert, daß sie in unserem Falle nicht einem Einzelsammler, sondern einer Mehrheit zustehn. Sie bilden den Gegenstand einer Gemeinschaft zur gesamten Hand.

2. Die passiven Bestandteile des Gesellschaftsvermögens werden gebildet durch die Verbindlichkeiten, für deren Erfüllung die Gesellschaft haftet. Die Frage, ob für solche Schulden die Komiteemitglieder mit ihrem persönlichen Vermögen einzustehn haben, ist nicht anders zu beantworten als im Falle des Einzelsammlers; d. h. sie ist grundsätzlich zu verneinen. Auch hier beschränkt sich die Haftung auf das S. V. Damit scheidet für uns die von anderer Seite[1]) mehrfach behandelte Frage aus, ob die vom Komitee eingegangenen Verbindlichkeiten sich quotenweise teilen oder jeden insgesamt treffen; keines von beiden ist der Fall, vielmehr liegt Gesamthandhaftung im technischen Sinne vor.

Von den geschilderten Verbindlichkeiten ist wohl zu unter-

[1]) cf. namentlich Bolchini Nr. 160.

scheiden, die technische Sammlerpflicht, insbesondere die Verpflichtung zur ordentlichen Verwaltung und Verwendung des Vermögens, wie sie nach unseren früheren Ausführungen gegenüber dem Spender und gegebenenfalls dem Destinatär besteht. Diese bildet nicht einen passiven Bestandteil des Gesellschaftsvermögens selbst, sondern trifft die Mitglieder des Komitees als Einzelpersonen. Ihre schuldhafte Verletzung macht also nicht das S. V. haftbar, sondern kann ihm umgekehrt Schadensersatzansprüche zuführen. Soweit aber das S. U. bereits aufgelöst ist, können etwaige Ersatzansprüche der Spender und Dritter gegen die bisherigen Komiteemitglieder verfolgt werden; und zwar haften diese solidarisch (nach Analogie von § 42^{II} BGB.) und mit ihrem gesamten persönlichen Vermögen.

VI. Was die Prozeßführung des Komitees betrifft, so sind Klagen in Ansehung des S. V. durch oder gegen sämtliche Mitglieder bezw. deren Vertreter zu erheben. Parteien des Prozesses sind nicht die Spender als einzelne oder in ihrer Gesamtheit, ebenso wenig das S. V. als juristische Person, auch nicht das Komitee als Gesamtheit: Dasselbe genießt auch nicht einmal wie der nicht rechtsfähige Verein die passive Parteifähigkeit. Vielmehr sind Parteien die Mitglieder desselben als einzelne d. h. als Streitgenossen und zwar liegt, da die Entscheidung gegenüber den mehreren nur einheitlich erfolgt, ein Fall der besonderen Streitgenossenschaft im Sinn des § 62 CPO. vor.

Zur Zwangsvollstreckung ist das S. V., genügt nicht ein Titel gegen das Komitee als ganzes, sondern erfordert ist ein solcher gegen die einzelnen Komiteemitglieder.

VII. Die Aufhebung des Komitees tritt ein mit der Erreichung oder Unmöglichkeit des Sammelzwecks. Wie schon hervorgehoben, ist beim Ausscheiden eines Mitglieds regelmäßig eine Auflösung des Komitees nicht anzunehmen.

C. Verwandte Erscheinungen.

S. U. können auch von bereits bestehenden Korporationen oder Anstalten ins Leben gerufen werden. Ihre Leitung untersteht dann entweder den Organen dieser Korporation oder einer durch diese besonders eingesetzten „Kommission“. Der Hauptunterschied dieser Sammelorgane gegenüber dem Komitee besteht im Mangel an Selbständigkeit.[1])

Freilich muß betont werden, daß das S. U. als solches auch hier selbständig ist; es darf und soll mit den dauernden Bestrebungen dieser Korporation nichts gemein haben, sondern muß vielmehr einen von diesen getrennten Zweck verfolgen. Äußerlich gibt sich dies darin kund, daß das S. V. vom Korporations- oder Anstaltsvermögen getrennt verwaltet wird.

Es lassen sich nun[2]) drei Fälle unterscheiden:

1. Eine Korporation handelt durch ihre bestehenden Organe, z. B. die Ortsgruppe Berlin des Alldeutschen Verbands sammelt für die in Südwestafrika kämpfenden deutschen Soldaten.

2. Die Korporation handelt nicht durch Vermittelung ihrer gewöhnlichen Organe, sondern setzt eine besondere Kommission ein. Diese tritt als solche selbständig auf. Sie handelt im Auftrag der Korporation, ohne diese zu vertreten. Der Spender schließt seinen Vertrag nur mit der Kommission ab. Dieselbe wird nach unserer Theorie Trägerin des begrenzten dinglichen Rechts am S. V. und ist andrerseits verpflichtet, den Zweck zu verwirklichen, beispielsweise das Denkmal errichten zu lassen.

3. Eine Kommission verfolgt die Zwecke ihrer Hintermänner, z. B. eine Stadt will Spielplätze einrichten, besitzt aber nicht die nötigen Mittel dazu. Die sich bildende Kommission veranstaltet ein S. U., läßt aber den Vertragswillen nicht durchblicken. Auch hier wird man annehmen dürfen,[3]) daß die Kommission die gleiche Stellung wie ein Kommissionär inne hat, d. h. in eigenem Namen, wenn sie auch für Rechnung der Stadt handelt.

D. Es seien zum Schluß noch zwei Fälle[4]) angeführt, in

---

[1]) Vgl. Krückmann, a. a. O. S. 228. „Eine Kommission ist eine ohne innere rechtliche Verbindung zur Verfolgung gemeinschaftlicher Zwecke zusammengetretene Personenmehrheit.“

[2]) Nach dem Vorgang von Kiepert, S. 50.

[3]) Mit Krückmann, a. a. O. S. 77.

[4]) Derselbe, S. 117, 118.

denen die mehreren Sammler überhaupt in eine Rechtsbeziehung zu einander treten:

Es ergeht ein Aufruf, in welchem die Notlage und Würdigkeit der unterstützungsbedürftigen Person geschildert wird, und der von zwei Personen unterzeichnet ist, von denen nur die eine sich zur Empfangnahme von Gaben bereit erklärt hat.

2. Mehrere Personen fordern in einem gemeinsamen Inserate zu Gaben für eine bedürftige Person auf, und jede erklärt sich zur Empfangnahme von Gaben bereit. Im ersten Fall ist die zweite Namensunterschrift nicht die eines Sammlers, sondern soll nur zur Bestätigung der angegebenen Sachlage dienen; im zweiten Fall dagegen sind tatsächlich zwei Sammler vorhanden, sie stehn aber in keinem rechtlichen Verhältnis zu einander, denn jeder sammelt für sich und erhält auch nur das Verwaltungs- und Verfügungsrecht über die von ihm gesammelten Gaben.

§ 21.

II. DIE SPENDER.

Von den obligatorischen Rechtsbeziehungen der Spender zu dem Sammler war bereits in § 19 dieser Abhandlung die Rede. Ob sie zu etwaigen Bedachten in ein besonderes Rechtsverhältnis treten,[1]) soll bei Behandlung der letzteren noch zur Sprache kommen (§ 22 d. Abhdlg.). Endlich ist bereits im § 17 d. A. ihre Stellung zu dem S. V. i. a. gekennzeichnet worden. Nachstehend bleiben daher nur die wichtigsten Folgerungen aus dieser Stellung ergänzend und zusammenfassend darzulegen.

I. Die Spender bleiben bis zur Verwendung Eigentümer ihrer Gaben. In voller Klarheit tritt dieser Grundsatz in dem praktisch allerdings seltenen Fall zu Tage, daß die Spende nicht in Geld besteht. Hier dauert das Eigentum mit

[1]) Dalloz, Jurisprudence générale; Recueil périodique, 1903, Cours d'appel et tribunaux S. 123: „Dans les rapports du souscripteur et du bénéficiaire il y a donation; il y a contrat commutatif dans les rapports du souscripteur et de l'organisateur de la souscription".

allen seinen Folgen, und zwar als Alleineigentum in der Person des Spenders fort. Daß freilich dieses Eigentum im Normalfall außerordentlich geringen Wert hat, geht aus den früheren Ausführungen zur Genüge hervor.

II. In aller Regel werden die Beiträge von vornherein in Geld bestehn oder doch im Wege der Verwertung durch Geld ersetzt werden. Hier geht, wie bereits hervorgehoben, das Alleineigentum der Spende an den hingegebenen Geldstücken infolge der Vermischung derselben zu einer einheitlichen Masse unter, und an seine Stelle tritt gemäß § 948 BGB. das Miteigentum an dem entstandenen Inbegriff nach Maßgabe des geleisteten Werts. Hieraus ergibt sich:

1. Zunächst negativ: Die Spender bilden nicht in ihrer Gesamtheit eine juristische Person etwa nach Art einer kraft Gesetzes entstehenden Genossenschaft oder sonstigen Körperschaft. Das wird allgemein anerkannt und bedarf keiner näheren Ausführung.

Ebenso wenig bilden sie miteinander eine Gesellschaft, deren Vermögen etwa durch das gesammelte Kapital gebildet wird. Es fehlt ihnen die Absicht, ein solches Vertragsverhältnis unter einander zu begründen. Es fehlt die Verpflichtung, den gemeinsamen Zweck zu fördern und namentlich Beiträge zu leisten, vor allem im gegenseitigen Verhältnis der Spender. Es fehlt dem einzelnen Spender das Recht auf den Ertrag des Vermögens, die Befugnis, die übrigen zu vertreten und für sie die Geschäftsführung zu besorgen. Es fehlt der festgeschlossene Kreis bestimmter Gesellschafter, deren unveränderte Zahl und Individualität für den Fortbestand der Identität dieser angeblichen Gesellschaft wesentlich wäre. Es fehlt die persönliche Haftung für die im Interesse des S. U. eingegangenen Verbindlichkeiten. Es fehlt schließlich die fortdauernde Bindung an einen gemeinsamen Zweck und mithin als Korrelat die Möglichkeit, sich von einer solchen Kündigung befreien zu können.

2. Mithin stellen sich die wechselseitigen Rechtsbeziehungen der Spender dar als eine Gemeinschaft nach Bruchteilen gemäß § 741 BGB. Nicht kraft Rechtsgeschäft also, wohl aber

kraft Gesetzes geraten sie in ein Gemeinschaftsverhältnis im Hinblick auf die ununterscheidbare Vermengung ihrer Gaben in einer Hand und im Hinblick auf den mittelst derselben verfolgten gemeinsamen Zweck.

Gegen diese Auffassung sind allerdings zwei Einwendungen erhoben worden.[1]) Einmal würde sie dahin führen müssen, daß der einzelne Spender über seinen angeblichen Anteil am gemeinschaftlichen Objekt verfügen darf, sodann wäre die Folge, daß der einzelne Bruchteilseigentümer den Anspruch auf Teilung der Gemeinschaft geltend machen kann. Wegen der Zweckgebundenheit des S. V. müssen aber naturgemäß ebensowohl die eine wie die andere Möglichkeit ausgeschlossen sein. Allein diese beiden Einwendungen erledigen sich ohne Schwierigkeit durch den Hinweis auf das umfassende Verwaltungs- und Verfügungsrecht des Sammlers. Ebenso wie dasselbe, das dem Spender verbliebene Alleineigentum zu einem wirtschaftlich fast wertlosen Recht herunterdrückt, ebenso drängt es auch das Verfügungs- und Teilungsrecht des mit einem Quoteneigentum ausgestatteten Spenders vollständig zurück. Das ist im Folgenden näher darzulegen.

III. Solange das S. U. dauert, insbesondere der Sammelzweck noch nicht erreicht, aber erreichbar ist, sind die Befugnisse, die dem Spender als Miteigentümer zustehn, infolge der Zweckgebundenheit des S. V. und seiner Unterwerfung unter die Rechtsgewalt des Sammlers praktisch ziemlich gegenstandslos.

1. Entzogen ist ihnen zunächst das Recht auf den unmittelbaren Besitz, der vielmehr dem Sammler zusteht.

2. Ebenso fehlt ihnen die Befugnis gemeinschaftlicher Verwaltung; deshalb sind auch Bestimmungen über die Art der Verwaltung, sei es durch die Majorität der Spender, sei es auf Antrag eines Beteiligten durch das Gericht im gegebenen Fall nicht denkbar, auch sind die Beteiligten zu notwendigen Erhaltungsmaßregeln weder berechtigt noch auch verpflichtet. Wie

---

[1]) Krückmann a. a. O., Isay, S. 436; Bolchini Nr. 68.

denn auch von einer Tragung der Verwaltungskosten aus ihrem eigenen Vermögen keine Rede sein kann (§ 748 BGB.).

3. Auch fehlt den Spendern ein Recht auf den Gebrauch des gemeinschaftlichen Gegenstands und auf den ihrem Anteil entsprechenden Bruchteil der Früchte (§ 743 BGB.). Das ihnen verbleibende Miteigentum ist also kein nutzbarer Bestandteil ihres Vermögens.

4. Über den „gemeinschaftlichen Gegenstand", d. h. das S. V. können die Spender nicht einmal gemeinschaftlich verfügen (BGB. 747), erst recht wird daher dem einzelnen Spender die Disposition über seinen Anteil entzogen sein (eine Disposition, die wegen der wirtschaftlichen Wertlosigkeit des Miteigentumsrechts ohnehin in nutzbarer Weise nur schwer gelingen würde).

5. Eine Art Verfügung wäre auch das Verlangen der Teilung. Ein solches kann daher normalerweise, d. h. solange das S. V. für seinen Zweck verfügbar bleibt, für den Spender naturgemäß nicht gestellt werden. Und zwar bedarf es zum Abschluß der Teilungsbefugnis keiner besonderen (ausdrücklichen oder stillschweigenden) Vereinbarung der Spender: es ist das im Institut des S. U. von selbst begründet.

IV. Nach dem Gesagten können die im Miteigentum der Spender enthaltenen Befugnisse in der Regel nicht zur praktischen Geltung kommen. Daß sie auch hier nicht fehlen, zeigt sich aber, sobald es zu einer Zweckverwendung des S. V. nicht kommt, beispielsweise infolge nachträglich eintretender Unmöglichkeit des Zwecks. Hier wird sofort die Befugnis des Quoteneigentümers rechtlich bedeutsam. Die Spender erlangen das Recht auf den Besitz und können kraft ihres Miteigentums den bisherigen Sammler zur Ausantwortung des Vermögens bzw., wenn er dasselbe hinterlegt hat, zur Abtretung des hieraus entspringenden Gegenanspruchs anhalten. [1]) Sie erhalten ferner das Recht zum Gebrauch und zur Nutzung zurück. Sie haben nunmehr den Anspruch auf Teilung in den gesetzlichen Formen.

[1]) Entsprechendes gilt natürlich im Fall der Naturalspende für die Rückgabe der hingegebenen species.

Sie können aber auch sonst Verfügungen treffen, sei es als einzelne über ihren Anteil, sei es vereint über das S. V. im ganzen. Aus dem letzteren Gesichtspunkt folgt insbesondere ihre Befugnis das S. V. ohne Aufteilung einem neuen, dem bisherigen vielleicht ähnlichen Zweck zu widmen, insbesondere es zum Grundstock eines neuen S. U. zu machen.

§ 22.

III. DIE BEDACHTEN.

Wie schon früher dargelegt, gibt es zahlreiche Unternehmen, bei denen ein bestimmter Destinatär weder von vornherein feststeht noch auch nachträglich fixiert wird. Hier fehlt es überhaupt an dem Bedachten, und die sogleich darzulegende Schwierigkeit wird daher in diesem Fall nicht praktisch. Anders dagegen bei den P. S. U. im eigentlichen Sinn, bei welchen die zusammengebrachten Gaben im Interesse einer oder mehrerer Personen zu verwenden sind, die entweder schon bei Beginn des S. U. bestimmt waren oder erst noch durch die zuständige Stelle aus dem Kreis der generell berufenen Personen auserwählt werden sollen. Hier erheben sich die beiden Fragen, ob der Bedachte einerseits zu dem Spender, andrerseits zu dem Sammler in einem Rechtsverhältnis steht, und wie bejahenden Falls dasselbe geartet ist.

I. Wenden wir uns zunächst der ersten Frage zu, so ist als Prinzip aufzustellen:

1. Die Bedachten stehn zu den Spendern überhaupt in keinem Rechtsverhältnis.[1])

Das kann einem Zweifel für den Fall nicht unterliegen, daß die zu bedenkenden Personen bei Beginn des S. U. überhaupt noch nicht bekannt, sondern erst durch den Sammler nach seinem pflichtmäßigen Ermessen zu bestimmen sind. Hier kann natürlich bis zur Austeilung der Gaben zwischen dem Spender und dem (ja noch nicht festgestellten) Bedachten eine irgendwie

[1]) Anders die französische Jurisprudenz, siehe das in Anm. 1 § 21 dieser Abhdlg. unter „Dalloz“ Gesagte.

geartete Rechtsbeziehung nicht obwalten. Aber auch nach Zweckverwendung des S. V. geraten die nunmehr fixierten Empfänger nicht in ein Rechtsverhältnis zum Spender. Sie werden von der Person der vielfach zahllosen Beitragleistenden oft genug nichts wissen, wie auch umgekehrt die Spender zwar von der Zweckverwendung im allgemeinen aber keineswegs von jedem einzelnen Bedachten Kenntnis haben werden. Dem Spender ist es auch in diesem Falle, wie schon mehrfach dargelegt, weniger um die Person als um den wohltätigen Zweck zu tun.

Es wäre auch nicht zu ersehn, durch welchen Vorgang eine rechtliche Beziehung zwischen ihnen und den Empfängern ihrer Gaben hergestellt werden würde. Ein Vertrag kann nur zustandekommen durch übereinstimmende Willenserklärung der Spender und der Bedachten. Daß die genannten Personen keine solche Erklärung abgeben, liegt auf der Hand. Man müßte mithin annehmen, daß der Vertragsschluß durch die Handlung des Sammlers vermittelt wird. Dem stehn aber die schwerwiegendsten Bedenken entgegen. Der Spender richtet die Willenserklärung, die allenfalls als Offerte in Betracht kommen könnte, an den Sammler und die vermeintliche Annahmeerklärung des Bedachten geht an die gleiche Adresse. Es bleibt mithin nichts übrig als den Sammler als einen Vertreter der beiden Kontrahenten zu erklären.

Aber einmal widerspricht dies den tatsächlichen Verhältnissen, denn der Sammler handelt sowohl im Verhältnis zum Spender als auch zum Bedachten nicht in fremdem, sondern in eigenem Namen. Sodann wäre der Vertragsabschluß durch Willenserklärung des gemeinsamen Vertreters der beiden Kontrahenten bei dem Prinzip des § 181 BGB. ausgeschlossen. Sodann ist es unzulässig, den Übergang der Gaben aus dem Vermögen des Spenders in dasjenige des Bedachten auf einen einheitlichen Rechtsakt zurückzuführen. Vielmehr vollzieht sich derselbe offensichtlich durch zwei verschiedene Akte: einerseits das Geschäft zwischen Spender und Sammler, andrerseits der Vertrag zwischen diesem und dem Dritten.[1])

[1]) Anders Bolchini Nr. 122 f. Nach ihm sind die Sammler bis zur Fixierung der Bedachten grundsätzlich Beauftragte (und nur aus-

Aber auch dann ist eine direkte Rechtsbeziehung unter den genannten Personen zu verneinen. Denn auch hier fehlt es an einem Erfordernis des Vertragschlusses: Willenseinigung zwischen Geber und Empfänger. Auch hier ist der Sammler weder Vertreter des einen noch des anderen Teils, geschweige denn beides zusammen, vielmehr handelt er im Verhältnis zu beiden in eigenem Namen.

2. Die genannten Gründe sprechen insbesondere auch gegen die Annahme einer Schenkung des Spenders an den Bedachten. Eine zusammenhängende Widerlegung dieser Theorie ist bereits

nahmsweise Geschäftsführer ohne Auftrag) im Verhältnis zu dem Spender. Dagegen verwandeln sie sich mit der Fixierung der Destinatäre regelmäßig in unbeauftragte Geschäftsführer (ausnahmsweise Mandatare) für diese. Die mitgeteilte Konstruktion stößt auf die erheblichsten Schwierigkeiten. Ganz abgesehen von der völlig verfehlten und bereits oben (§ 7 d. Abhdlg.) widerlegten Auffassung des Sammlers als eines Beauftragten oder negotiorum gestors, sei es nach der einen oder anderen Seite hin, vermag sie nicht zu erklären, wie so der Sammler durch einseitige Bestimmung sein Mandatsverhältnis zum Spender löst und Geschäftsführer ohne Auftrag für den Bedachten wird. Jene Bestimmung ist doch nur der erste Schritt zur Ausführung des (angeblichen) Mandats: Und es kommt doch sonst nirgends vor, daß der Auftrag durch den Beginn seiner Ausführung erlischt. Vor allem aber würde sich aus diesen beiden kontraktlichen bzw. quasi-kontraktlichen Rechtsbeziehungen, die sich überdies nicht einmal gleichzeitig gegenüberstehn, sondern die einander ablösen sollen, nie und nimmer ein einheitliches Rechtsverhältnis zwischen Spender und Bedachtem ergeben. Hierzu bedarf es vielmehr, wie Bolchini ganz zu entgehn scheint, einer Doppelvertretung nach außen, die natürlich von jenem internen Rechtsverhältnis wohl zu unterscheiden wäre. Gegen eine solche Vertretung spricht aber nicht nur der im Text erwähnte Grund, sondern speziell nach der eigenen Theorie Bolchinis noch der Umstand, daß die Vertretungsmacht zunächst bloß im Verhältnis zum Spender und dann bloß im Verhältnis zum Bedachten bestünde. Wie soll nun zwischen den beiden vermeintlich Vertretenen ein Vertrag zustande kommen, wenn ihr gemeinschaftlicher Vertreter in keinem Moment die Vertretungsmacht für die beiden gleichzeitig besitzt.

Eher könnte an ein Vertragsverhältnis zwischen Spender und Drittem in dem Fall gedacht werden, daß der Letztere von vorneherein bestimmt ist. Es wird z. B. gesammelt zu einer Ehrengabe für einen berühmten Politiker, Gelehrten, Schriftsteller oder Künstler. Man denke z. B. an die in Ungarn veranstaltete Sammlung zu Ehren Picquarts.

an anderer Stelle gegeben (§ 5 d. Abhdlg.). Hier sei nur noch ein besonders wichtiges Gegenargument betont. Allerdings wird der Bedachte unentgeltlich bereichert, d. h. ohne daß er für den Empfang einen Gegenwert zu leisten hätte, und ebenso sicher kommt diese Bereicherung aus dem Vermögen der Spender, die ja nach der hier vertretenen Theorie bis zur Erreichung des Sammelzwecks Eigentümer des S. V. geblieben sind. Aber der Übergang von der einen in die andere Rechtssphäre vollzieht sich nicht durch eine Rechtshandlung des Spenders. Vielmehr ist es der Sammler, der kraft seines selbständigen Verwaltungs- und Verfügungsrechts über das (in fremdem Eigentum stehende) S. V. verfügt, die Gaben aus demselben entnimmt und dem Bedachten zuführt. Es liegt also nicht eine Zuwendung vor, „durch die jemand aus seinem Vermögen einen anderen bereichert" (§ 518 BGB.). Ebenso wie die unentgeltliche Zuwendung, die der Ehemann aus Anstandsrücksichten kraft seines selbständigen Verwaltungs- und Verfügsrechts aus dem eingebrachten Gut seiner Frau oder aus dem Gesamtgut einem Dritten macht, weder ganz noch zum Teil als Schenkung der Ehefrau anzusehn ist, ebenso ist auch die Gabe, die der Sammler aus Mitteln des S. V. gewährt, keine Schenkung der Spender, wie ja auch sonst Verträge, die das Sammelkomitee bezüglich dieses Vermögens abschließt (z. B. Werk- und Dienstverträge mit Dritten) als Geschäfte der Spender in keinem Fall angesehn werden können.

Allerdings kennt das Leben dem S. U. ähnliche Fälle, in denen zahlreiche Personen einem bestimmten Destinatär durch Vermittlung eines anderen Gaben derart zuwenden, daß ein Schenkungsvertrag zustande kommt. Eine der Wohltätigkeit gewidmete Ordensniederlassung läßt an ihrem Sitz durch ein Mitglied z. B. einen Bruder bei den Bürgern Gaben für ihre Zwecke sammeln. Hier unterliegt es keinem Zweifel, daß der „Sammler" lediglich Stellvertreter des „Destinatärs", d. h. des Klosters ist, und daß durch seine Vermittlung ein Schenkungsvertrag zwischen Spender und Kloster zustande kommt. Allein in diesem wie in allen ähnlich gelagerten Fällen haben wir es nicht mehr mit dem Institut des S. U. im technischen Sinne zu tun. Es fehlt die begriffsnotwendige Beteiligung eines Sammlers im eigentlichen Sinn, d. h. einer Person, die ohne eine Vertreterstellung zu bekleiden, ein selbständiges Verwaltungs- und Verfügungsrecht an den gesammelten Geldern erwirbt. Die Spender behalten dann auch keinen Augenblick das Eigentum an der Gabe; der sammelnde Bruder hat niemals ein eigenes Recht an derselben, sondern er erwirbt das Eigentum unmittelbar für das von ihm vertretene Kloster. Aus solchen Gestaltungen dürfen mithin keine Schlüsse auf das eigentliche S. U. gezogen werden.[1])

II. Dagegen wird sich ein unmittelbares Rechtsverhältnis zwischen Bedachtem und Sammler nicht wohl bestreiten lassen.

1. Auch ein solches wird freilich solange nicht angenommen werden können, als dem Bedachten die Gabe noch nicht ausgeantwortet ist. Insbesondere wird man dem Dritten gegenüber dem Sammler einen Anspruch auf Zuteilung des S. V. und namentlich eine Klage hierfür absprechen müssen. Dies gilt zweifellos für den häufigen Fall, daß die Bestimmung des Destinatärs oder der ihm zukommenden Gabe dem Sammler überlassen ist. Hier wäre ein förmlicher Rechtsanspruch des Dritten völlig unvereinbar mit der dem Sammler eingeräumten freien Stellung. Aber auch wenn die Person des Bedachten und das Maß der ihm zukommenden Gaben von vornherein fest bestimmt ist, wird ihm ein klagbarer Anspruch gegen den Sammler zu versagen sein. Ein solcher widerspricht den tatsächlichen Verhältnissen und der Absicht der Parteien, die den ganzen Vorgang unter dem Gesichtspunkt der Liberalität betrachten und an eine rechtliche Erfüllungspflicht der Spender oder Sammler gegenüber dem Dritten keinen Augenblick denken. Der Sammler steht also, wenn das S. V. seinem Zweck nicht zugeführt wird, lediglich zu dem Spender, nicht aber zu dem Destinatär in einer Rechtsbeziehung.[2])

---

[1]) Vgl. hierzu namentlich auch das über kirchliche und Hauskollekten, S. 133 Anm. 2 d. Abhdlg. Gesagte.

[2]) Man könnte hierin einen Widerspruch zu unserer früheren Behauptung erblicken, daß der Sammler durch schuldhafte Verminderung

Wohl aber wird eine solche damit hergestellt, daß der Sammler aus dem zusammengebrachten Vermögen dem Destinatär eine Gabe ausantwortet.

a) Hierdurch wird, was zunächst die dingliche Rechtsbeziehung betrifft, der Dritte Eigentümer der Spende. Mit diesem Moment erlischt also auch das bisherige Alleineigentum oder Miteigentum der Spender an den von dem Dritten erworbenen Gegenständen. Das Recht geht aber auf den Destinatär mit allen daran haftenden Lasten über, vorbehaltlich natürlich des Schutzes seines guten Glaubens. So wird z. B. in dem allerdings weniger wahrscheinlichen Fall, daß die dem Dritten übertragene Naturalspende mit einem ihm bekannten oder leicht erkennbaren Nießbrauchsrecht belastet ist, das Eigentum nur unter Fortdauer des Nießbrauchs übergehn.

b) Weniger einfach zu bestimmen ist die obligatorische Kausa, die dem dinglichen Rechtsübergang zugrunde liegt. Dieselbe läßt sich dahin bestimmen, daß der Sammler kraft eigenen Rechts eine unentgeltliche Zuwendung aus fremdem Vermögen macht.

α) Daß er kraft eigenen Rechts handelt, folgt aus dem schon früher behandelten selbständigen Verwaltungs- und Verfügungsrecht. Danach steht er allein als Vertragsgegner dem

der Masse oder sonst schuldhafte Verletzungen seiner übernommenen Pflichten dem (individuell bezeichneten) Destinatär gegenüber schadensersatzpflichtig werden könne. Allein zu Unrecht. Die Verbindlichkeit zur Entschädigung setzt eine bereits vorhandene Verpflichtung nicht voraus, wie das große Gebiet der Deliktshaftung beweist. So auch in unserem Fall. Der Sammler, der unter Umständen dem Dritten schadensersatzpflichtig wird, haftet ihm nicht wegen Verletzung einer bereits begründeten Erfüllungspflicht, sondern wegen Mißbrauchs seines auch im Interesse des Dritten begründeten Verwaltungs- und Verfügungsrechts. Es wird also nicht eine obligatorische Pflicht versäumt, sondern ein dingliches Recht überschritten. In gleicher Weise können z. B. Nachlaßgläubiger gegen den pflichtvergessenen Nachlaßverwalter, Konkursgläubiger gegen den Konkursverwalter Entschädigungsansprüche geltend machen, obgleich sie zu ihm in keinem obligatorischen Rechtsverhältnis stehn, obgleich ferner ihre Forderung nicht gegen ihn, sondern gegen einen anderen (den Erben oder Gemeinschuldner) gerichtet ist.

Destinatär gegenüber. Er ist der Veräußerer. Ihn allein treffen die obligatorischen Folgen des Geschäfts. Er vermittelt nicht lediglich ein Geschäft des Spenders mit dem Empfänger, sondern er schließt für seine eigene Person einen Vertrag, dem der Spender (obligatorisch betrachtet) als ein völlig unbeteiligter Dritter durchaus fern bleibt.

Daraus erklärt sich insbesondere, daß arglistiges Verschweigen eines Fehlers der übertragenen Sache allein den Sammler und nicht auch den Spender dem Dritten gegenüber haftbar macht (Analog §§ 523, 524 BGB.).

β) Die Zuwendung des Sammlers erfolgt aber aus fremdem Vermögen, nämlich aus dem den Spendern gehörigen S. V. Durch sie wird der Sammler nicht ärmer. Er verliert kein Eigentum. (Daß sein Verwaltungs- und Verfügungsrecht erlischt, bedeutet auch keine Verminderung seines Vermögens im materiellen Sinn, da diese formelle Befugnis, wie schon dargelegt, lediglich das Mittel zur Pflichterfüllung geben soll und wirtschaftlichen Wert nicht besitzt.) Er überträgt nichts aus seinem Vermögen in dasjenige des Destinatärs, auch im Verhältnis zwischen Sammler und Drittem ist nicht gegeben „eine Zuwendung, durch die jemand aus seinem Vermögen einen anderen bereichert“ (§ 518 I BGB.).

Schon aus diesem Grunde ist eine Schenkung des Sammlers an den Destinatär zu leugnen. Sie fehlt auch um deswillen, weil der Sammler nicht so sehr leistet, um den Dritten zu bereichern, als vielmehr um seine eigenen Verpflichtungen gegenüber dem Spender zu erfüllen: also nicht animo donandi sondern solvendi. Er ist also ebensowenig Schenker, wie etwa der Schenknehmer, Erbe oder Vermächtnisnehmer, der eine ihm gemachte Auflage im Interesse des Dritten erfüllt. Dieser Gesichtspunkt erklärt es, daß in unserem Falle alle die Vorschriften außer Anwendung bleiben müssen, die eine Benachteiligung des Schenkers oder nahestehender Personen ausschließen wollen. Insbesondere gibt es für den Sammler im Verhältnis zum Dritten keine Einrede der Notdurft, kein Widerruf wegen Undanks, keine Rückforderung wegen Verarmung; für seine Verwandten und seinen Ehegatten keine Ergänzung des Pflichtteils und für seine Gläubiger keine Anfechtung.

Der Destinatär wird also zwar bereichert, er hat auch nicht die Gabe ohne rechtlichen Grund in seinem Vermögen. Die Kausa ist aber nicht die technische Schenkungskausa, sondern die davon verschiedene in ihrem Wesen eigenartige Spendungskausa, von der in anderem Zusammenhang schon die Rede war.

γ) Diese Kausa ist zweifelsohne eine unentgeltliche. Der Empfänger ist bereichert ohne hierfür einen Gegenwert leisten zu müssen. Die freigebige Natur der Zuwendung rechtfertigt es nun, den Sammler, wenn er auch ein wirklicher Schenkgeber nicht ist, doch analog einem solchen zu behandeln, d. h. ihn trifft im Verhältnis zum Bedachten eine schwächere Haftung. Er hat ihm gegenüber bei Leistung der Gabe nur für Vorsatz und grobe Fahrlässigkeit einzustehn, analog § 521 BGB.,[1]) und für den Mangel im Recht oder in der Sache haftet er nur, wenn er denselben dem Bedachten arglistig verschweigt (analog § 523, 524 BGB.).

III. Eine sehr wichtige Frage ist die: Muß es sich der Destinatär eines S. U. gefallen lassen, daß für ihn, oder wenigstens unter seinem Namen gesammelt wird? Hier sind zwei Möglichkeiten zu unterscheiden,[2]) einmal, die Eröffnung eines S. U. ohne Wissen des Destinatärs, und ferner, die Fortsetzung eines bereits begonnenen S. U. trotz Widerspruch des Dritten.

1. Die erstere Möglichkeit wird man uneingeschränkt zugeben müssen. Hierfür spricht schon der Umstand, daß bei vielen S. U. die Person des Destinatärs bei Gründung des S. U. noch vielfach unbekannt oder unbestimmt ist. Der Sammler könnte sich zwar in manchen Fällen die Ermächtigung des Destinatärs einholen, indem er ihn von seiner wohlwollenden Absicht benachrichtigt. Aber nur zu leicht wird es in diesem Falle den Anschein gewinnen, als sei die Kundgebung zugunsten des Dritten

---

[1]) Darüber, daß er bei Verwaltung der Masse, namentlich im Verhältnis zum Spender, für diligentia in concreto haftet cf. oben § 18 d. Abhdlg.

[2]) Vgl. Dalloz, Recueil périodique (Jurisprudence générale) 1903, VI. 2. 122.

weniger der spontane Ausdruck der Sympathie oder Begeisterung der Spender als der von dem Destinatär selbst an die Allgemeinheit gerichtete Appell, der auf den Wohltätigkeitssinn, das Mitleid und die Großmütigkeit des Publikums baut.

2. Anders liegt der Fall, wenn der Destinatär von dem begonnenen S. U. hört und sofort dem Komitee erklärt, daß er das S. U. nicht billige und seiner Fortsetzung sich widersetze. Ein solches Verbietungsrecht wird man dem Destinatär zubilligen müssen, wenn man bedenkt, welche Beweggründe unter Umständen den Sammler dazu getrieben haben mögen, ein derartiges S. U. einzuleiten.

Vielleicht war es bloß Reklamesucht, z. B. für eine Zeitung, vielleicht auch das Bestreben des Sammlers seine eigene Person bekannt zu machen, sie in gutes Licht zu rücken u. a. m. Manchmal wird auch der Grund für die Erlaubnisverweigerung nach der Anschauung des Dritten (Destinatärs) weniger in der Person des Sammlers als darin liegen, daß er (der Dritte) die Form des S. U. für wenig vereinbar erachtet mit der Ehrung seiner selbst oder eines lebenden oder schon verstorbenen Angehörigen. Doch wird man in diesem zweiten Falle das Verbietungsrecht des Dritten in gewisser Weise einzuschränken haben:

a) Es kann sein, daß das S. U. den Zweck verfolgt, durch Errichtung eines Denkmals, Gründung einer Stiftung usw. das Andenken eines bedeutenden Künstlers, Schriftstellers, Gelehrten zu ehren, dessen direkte Nachkommen oder dessen Ehefrau noch am Leben sind. Man wird diesen letzteren Personen, obwohl sie an der Ehrung und insbesondere an der Art und Weise der Ehrung des Verstorbenen ein großes Interesse haben werden, ein Verbietungsrecht dann nicht einräumen können, wenn es sich bei dem S. U. weniger um die Verherrlichung eines Mitgliedes jener Familie als um eine öffentliche Huldigung handelt, durch welche die Bewohner eines Landes, einer Stadt, eines Berufskreises usw. einem bedeutenden Manne den schuldigen Dank abstatten.[1]) Private Sonderbestrebungen müssen hier dem

[1]) So hatte A. Dumas zugunsten des berühmten Schriftstellers Honoré Balzac ein S. U. veranstaltet, aus dessen Fonds dem Verstorbenen

Allgemeinwillen weichen, und das umso mehr, wenn es sich nur um entfernte Angehörige handelt.

b) Hat das S. U. für den Destinatär oder dessen Angehörige aber eine höchst persönliche Seite, und das ist immer der Fall, wenn es die materielle Lage des Dritten oder seiner Hinterbliebenen bessern will, so wird man dem Dritten ein uneingeschränktes Verbietungsrecht und allenfalls auch eine Klage auf Unterlassung gewähren müssen. Und der Dritte wird in einem solchen Falle verlangen können, daß das S. U. auf dieselbe Weise wie es begründet wurde — also z. B. durch einen Aufruf in den Tagesblättern —, auch widerrufen wird.[1])

---

ein Grabmal errichtet werden sollte. Die Witwe desselben erhob Einspruch gegen die Sammlung und beschritt den Weg der Klage. Das tribunal civil de la Seine entschied am 3. V. 1854 den Prozeß dahin, daß die Witwe kein Verbietungsrecht habe aus folgenden Gründen: „attendu qu'en effet, l'érection d'un monument en l'honneur d'un homme qui s'est illustré à un titre quelconque n'est plus ce témoignage pieux rendu par la famille à un de ses membres et qui est une dette, qu'elle doit être jalouse d'acquitter seule, mais un hommage public de la reconnaissance ou de l'admiration publique rendu à un homme, qui a honoré son pays . . . . cf. Dalloz, Jur. gén. 1903, VI. 2. 121. In ähnlicher Weise hätten auch der Nachkomme und die Witwe Richard Wagners das schon oben erwähnte S. U. „Nationaler Dank an Richard Wagner“ nicht verbieten können (vgl. S. 38 Anm. 1 d. Abhdlg.).

[1]) Ein Beispiel hierfür bietet das S. U., das der „Figaro“ zugunsten der Hinterbliebenen des heldenmütig gestorbenen Oberstleutnants Klobb veranstaltete. Die Witwe verbat sich das S. U. Der „Figaro“ sammelte weiter zugunsten der drei Kinder. Er schloß mit der Versicherungsgesellschaft „Phénix“ einen Vertrag dahin ab, daß von dem gesammelten Geld für die drei Kinder drei Versicherungspolizen ausgefertigt würden, wonach diese beim Erleben ihrer Großjährigkeit eine bestimmte Summe ausgezahlt bekommen sollten. Auch hiergegen erhob die Witwe Klobb Widerspruch, und als dies nichts fruchtete, beschritt sie den Weg der Klage. Das tribunal civil entschied zugunsten der Klägerin und ebenso die cour d'appel de Paris in einer Entscheidung vom 21. X. 02 aus folgenden Gründen: „L'obstination avec laquelle un journal poursuit une souscription publique au mépris de la volonté formellement exprimée de la personne au nom de laquelle il sollicite les fonds, cause à celle-ci un préjudice matériel et moral, dont elle est fondée à poursuivre la réparation (c. civ. 1382) . . . . . Le droit pour un individu de refuser le

bénéfice d'une souscription publique entraîne celui de s'opposer à ce que les fonds, qui en proviennent, puissent lui être attribués sous quelque forme et par quelque personne que ce soit; par suite les conventions passées par l'organisateur de la souscription avec un tiers, en vue de cette attribution, doivent être declarées sans objet et inexistantes à l'égard des bénéficiaires désignés de la souscrip on . . . . . vgl. Dalloz, Jurisprudence général, Recueil périodique 1903, VI. 2. 121 f.

VIERTER TEIL.

DIE PFLEGSCHAFT FÜR EIN SAMMELVERMÖGEN.

§ 23.

VORAUSSETZUNGEN, ENTSTEHUNG UND RECHTLICHE NATUR DER PFLEGSCHAFT FÜR EIN SAMMELVERMÖGEN.

Die Einzelheiten der Pflegschaft über ein S.V. sind im Folgenden nicht zu behandeln. Sie finden sich teils in den Kommentierungen des § 1914 BGB., teils in der mehrfach zitierten Monographie von Kleemann ausführlich erörtert, entbehren auch zum Teil der Schwierigkeit und des Interesses. Im folgenden soll nur allgemein die Rede sein von den Voraussetzungen, der Anordnung und dem Wesen der Sammelpflegschaft.

A. Die Voraussetzungen sind gemäß § 1914 BGB. 1) Vorliegen eines öffentlichen S.U. 2) Wegfall der zur Verwaltung und Verwendung berufenen Personen.

I. Einen Pfleger können also nicht erhalten die immerhin häufigen privaten S.U. Bei diesen wird auch meist ein solcher entbehrlich sein, weil durch private S.U. gewöhnlich geringere Kapitalien ins Leben gerufen werden, und ferner, weil in der Regel leicht ein Ersatz für die Person des Sammlers zu finden ist. Bleiben doch gerade bei privaten S.U. die Spender eher in steter Fühlung mit dem Sammler und daher auch mit dem S.U. Die Unterscheidung in öffentliche und private S.U. erscheint daher mit Rücksicht auf die Einsetzbarkeit eines Pflegers sehr wichtig. Eine scharfe Grenzlinie läßt sich aber nicht ziehn. Ein öffentliches S.U. liegt immer dann vor, wenn der Aufruf zur

Spendung von Gaben sich an die Allgemeinheit wendet, und dies ist regelmäßig der Fall, wenn er durch die Tagesblätter bekannt gemacht wird. Öffentlich ist das S. U. aber auch dann, wenn bei einem Volksfeste, in einer Wirtschaft usw. gesammelt wird. Merkmal für die Öffentlichkeit ist also, daß ein unbestimmter Personenkreis vom S. U. Kenntnis nehmen und Gaben spenden kann.

Im Gegensatz hierzu ist ein S. U. ein privates, wenn es etwa in einem geschlossenen Verein stattfindet, oder wenn der Pfarrer bei den wohlhabenden Mitgliedern seiner Pfarrei um Gaben für einen Verunglückten bittet. Privat ist ein S. U. aber auch dann, wenn der Sammler sich an einen unbestimmten Personenkreis wenden will, aber nur so, daß er an jeden einzelnen Spender persönlich appelliert; wenn also nicht zur allgemeinen Kenntnis gelangt, daß ein S. U. im Gang ist.

Auch bei öffentlichen S. U. wird sich meist nur dann eine Pflegschaft als notwendig erweisen, wenn bloß ein Sammler das ganze Unternehmen geleitet hatte. Bei einem Komitee bewirkt der Wegfall eines Mitglieds noch nicht die Auflösung der Gesellschaft. Das S. V. wird eben dann von den verbleibenden Komiteemitgliedern nach erneuter Geschäftsleitung und ev. nach Ausfüllung der Lücke des Ausgeschiedenen durch Kooptation weiter geführt. Voraussetzung für den Eintritt einer Pflegschaft ist also hier Wegfall sämtlicher Komiteemitglieder.[1])

Bei S. U. mit umfangreicher, vielleicht gar an verschiedenen Orten geführter Verwaltung wird man freilich, wenn bloß noch ein oder auch einige Komiteemitglieder übrig sind, diesen die ganze Last der Verwaltung schon aus dem einfachen Grunde nicht aufbürden können, weil dadurch die Interessen des S. U. erheblich gefährdet werden könnten. Man wird in weiterer Auslegung des dem § 1914 zugrunde liegenden Gedankens annehmen müssen, daß die zur ordnungsmäßigen Verwaltung und

[1]) So Kleemann, S. 80. And. Ans. Schultzenstein-Köhne, Das deutsche Vormundschaftsrecht, Anm. 5 zu § 1914. — Staudinger-Engelmann, 2. Aufl. S. 1217 Anm. 2b zu § 1914.

Verwendung nicht mehr fähigen übrig gebliebenen Komiteemitglieder auch nicht als „berufen" im Sinn des Gesetzes gelten können. Das öffentliche Interesse wird auch hier dringend verlangen, daß dort, wo nicht die Spender selbst eingreifen, die Erreichung des Sammelzwecks durch Einsetzung einer Pflegschaft gesichert wird.

II. Wann kann nun von einem Wegfall des Sammlers gesprochen werden?

1) Vor allem kommt in Betracht der Tod des Sammlers. Daß die Erben nicht an seine Stelle treten dürfen, auch nicht treten müssen, ist bereits betont worden. Sehr richtig ist aber folgende Einschränkung Kleemanns[1]) in dieser Hinsicht: „Nichts hindert, daß die Geber und Erben, sofern dies nach Art des S. U. praktisch möglich ist, einen Eintritt der Erben in die Dienste der verstorbenen Sammler vereinbaren".

Es ist dies jedoch nicht mit der Erbeneigenschaft dieser Personen, sondern mit dem Recht der Spendergesamtheit in Zusammenhang zu bringen, auf Grund des bei ihr verbliebenen Eigentumsrechts am S.V. neue Verwaltungspersonen einzusetzen.[2])

2) Eine zweite Möglichkeit für die Einsetzung eines Pflegers ergibt sich bei Abwesenheit des Sammlers. Zu denken ist hier hauptsächlich an böswillige Abwesenheit, wenn der Sammler vom Verwaltungsort unter Mitnahme eines Teils oder des ganzen S. V. verschwindet oder unter verdächtigen Umständen wegzieht, ohne vorher, wie es bei öffentlichen S.U. üblich, eine Abrechnung in einer Zeitung gegeben zu haben. In solchen Fällen wird die Einsetzung eines Pflegers am nötigsten sein, um das veruntreute Vermögen wieder seinem wahren Zweck zuzuwenden.

---

[1]) Kleemann, a. a. O. S. 81 f.

[2]) Eine weitere Konzession an den Gedanken, daß die Spender Eigentümer ihrer Gaben geblieben sind, enthält der Zusatz Kleemanns (S. 81): „Die Erben des bisherigen Sammlers haben demgemäß die Verpflichtung, das S. U. an denjenigen herauszugeben, der sich ihnen gegenüber als zur Verwaltung und Verwendung desselben legitimiert ausweist, also entweder an die von den Gebern neuberufenen Sammler oder an den infolge staatlicher Fürsorge ernannten Pfleger".

Ganz allgemein betrachtet, ist der Begriff „Abwesenheit" sehr relativ aufzufassen; wie lange die Abwesenheit dauern muß, um die Einsetzung einer Pflegschaft zu rechtfertigen, wird ganz nach dem Zweck und der Art der Verwaltung des S. V. zu bemessen sein.[1])

3. Der Wegfall des Sammlers erfolgt auch durch den Eintritt der Geschäftsunfähigkeit sowie auch der beschränkten Geschäftsfähigkeit.[2])

4. Endlich kann der Wegfall die Folge freiwilliger Aufgabe der Tätigkeit als Sammler sein; doch ist hier die größte Einschränkung am Platze. Als Beispiele seien erwähnt notwendige Verlegung des Wohnsitzes oder notwendige Reise von längerer Dauer. Es wird sich fragen, ob das Rücktrittsrecht des Sammlers in diesen Fällen nicht an die Beschaffung eines Ersatzmannes zu knüpfen ist. Das hätte aber seine großen Bedenken und würde dem Sammler auch nur in den seltensten Fällen möglich sein.

III. Es kann sein, daß das Hindernis in der Person des Sammlers, welches den Eintritt der Pflegschaft verursacht hat, nachträglich wieder beseitigt wird, z. B. der Sammler kehrt wieder zurück. Soll er hier in seine alten Rechte wieder eintreten dürfen? Diese Frage wird von verschiedenen Schriftstellern bejaht.[3]) Erwähnt wird namentlich der Fall,[4]) daß infolge ordnungsmäßiger Wahl eines neuen Komitees die zur Verwaltung und Verwendung berufenen Personen wieder gefunden sind, denn, „das Gesetz verlange ja nicht, daß die Sammler dauernd wegfielen."

Man wird sich dieser Ansicht wohl anschließen können, insbesondere wenn man bedenkt, daß bei großen S. U. ein ein-

[1]) Die von Staudinger-Engelmann erwähnte Todeserklärung dürfte wohl kaum praktisch werden.

[2]) Staudinger-Engelmann, ebenda. — Kuhlenbeck, Das B. G. B. f. d. Deutsche Reich, Anm. zu § 1914. — Planck, Komm. Bd. IV. Anm. 1b zu § 1914.

[3]) So von Kleemann, Engelmann-Staudinger, Anm. 6b zu § 1914.

[4]) von Engelmann-Staudinger, l. c.

zelner oder auch mehrere Pfleger wohl kaum die nötige Zeit und Arbeitskraft haben werden, um außer der Verwaltung des S. V. auch den Zweck des S. U. auszuführen. Dem Pfleger wie dem beaufsichtigenden Richter wird die Abwälzung der großen Verantwortung, die vom Gesetz auch wohl nur als interimistisch gedacht wird, wohl erwünscht sein.

B. Liegen die entsprechenden Voraussetzungen vor, so hat das Vormundschaftsgericht von Amts wegen tätig zu sein[1]) (BGB. §§ 1774, 1915). Natürlich kann jeder Spender die Anordnung einer Pflegschaft in Anregung bringen, ebenso diejenigen, mit denen die bisherigen Sammler in rechtliche oder tatsächliche Beziehungen getreten sind, z. B. der Künstler, der ein Denkmal ausführen soll, wie überhaupt jeder, der an der Durchführung des S. U. interessiert ist. Denn es handelt sich um einen die Richtertätigkeit nicht bedingenden, sondern anregenden Antrag. (Offizial- nicht Dispositionsmaxime!)

Die Anzahl der Pfleger hängt vom Ermessen der Gerichts ab, indessen ist, sofern nicht besondere Gründe dagegen sprechen, nur ein Pfleger zu bestellen.[2])

C. Rechtliche Natur der Pflegschaft.

I. Bestritten ist, ob der § 1914 BGB. eine Personalpflegschaft gleich allen übrigen Pflegschaften des BGB. zum Gegenstand hat, oder ob hier eine Realpflegschaft gegeben ist.

Nach dem Wortlaut des BGB.: „zur Verwaltung und Verwendung des Vermögens müßte wohl eine Realpflegschaft angenommen werden.[3]) Tatsächlich erklären sich auch die meisten Schriftsteller[4]) für eine solche, indem sie den Pfleger als obrig-

[1]) Kleemann, S. 84; Engelmann-Staudinger, a. a. O. S. 658.

[2]) Vgl. §§ 42, 57, Nr. 3 Fr. G. G.

[3]) So Planck, Komm. Bd. IV Anm. zu § 1914. — Opet-Blume, Komm. zum Familienrecht Anm. 4 zu § 1914. — Endemann, Lehrb. d. BGB. Bd. II § 228. — Cosack, Lehrb. d. BGB. Bd. II S. 634. — Staudinger-Engelmann l. c. u. a. m.

[4]) Weyl II, zit. von Staudinger-Engelmann, nimmt Personalpflegschaft an, wohl aber mit Rücksicht auf den Destinatär des S. U. (!) So auch O. L. G. Karlsruhe l. c. S. 487. Vgl. ferner Seuffert Archiv Bd. 56 S. 314.

keitlich bestellten Nachfolger der zur Verwaltung und Verwendung berufenen Personen ansehn. Diese Annahme erscheint vollauf berechtigt bei den Theorien, die entweder von einer „selbständigen Vermögensmasse“ des S. U. oder davon ausgehn, daß die Sammler Eigentümer des S. V. werden.

Nach unserer Theorie jedoch, welche dem Spender bis zur Erreichung des Sammelzwecks das Eigentum an der Spende beläßt, erscheint eine Personalpflegschaft am Platze. Wie wir schon hervorgehoben haben, können die Spender oder wenigstens ein großer Teil derselben die Einsetzung eines neuen Sammlers selbst vornehmen. Nun scheitert diese Möglichkeit aber gewöhnlich an mannigfachen Hindernissen in der Person der Spender selbst. Viele von ihnen wollen sich nach Hingabe der Spende nicht weiter um deren Schicksal kümmern, oder sie sind dazu nicht in der Lage. Man denke an die zahlreichen, oft sehr wertvollen Gaben von „Unbekannt“, an die Summen, die wiederum selber von kleinen Sammlern (Tochtersammlungen) herrühren. Schließlich könnte es auch leicht vorkommen, daß diejenigen Spender, welche helfen wollen und können, sich hinsichtlich der Person des zu wählenden Sammlers nicht einigen können, so daß in öffentlichem Interesse ein staatlicher Eingriff gemäß § 1914 BGB. nötig wird. Die Pflegschaft des § 1914 ist also in erster Linie eine Personalpflegschaft, und zwar sind es die Spender, in deren Interesse ein Pfleger eingesetzt wird.

II. Die juristische Stellung des Pflegers ist eine ganz ähnliche wie die des Sammlers. Er hat von der Übernahme der Pflegschaft an das Verwaltungs- und Verfügungsrecht eines Sammlers. Es treffen ihn auch die gleichen Verpflichtungen wie den Sammler.

Der Hauptunterschied vom Sammler zeigt sich aber in seiner Abhängigkeit vom Vormundschaftsgericht, das ihm Anweisungen gibt, ihn überwacht, und dem er zum Schluß ausführlich Rechnung legen muß. Diese richterliche Aufsicht beginnt mit seiner Ernennung und sie kommt am prägnantesten zum Ausdruck bei seiner allfallsigen Absetzung, die dann einzutreten hat, wenn er sich Pflichtwidrigkeiten zuschulden kommen läßt oder wenn er sich unfähig zeigt, das S. V. ordnungsmäßig zu verwalten.

Durch die Übernahme der Pflegschaft hat nun der Pfleger nicht bloß Pflichten gegen den Staat übernommen. Er hat vielmehr nebenher auch den Spendern gegenüber dieselben Pflichten, wie sie ein Sammler hat. Etwaige Ausstellungen an der Verwaltung des Pflegers, die dem Gerichte verborgen bleiben, kann der Spender, aber nicht im Klagewege sondern nur durch Beschwerde, beim Vormundschaftsgericht geltend machen. Wie bei anderen Pflegschaften, so kann auch hier[1]) eventuell ein Schadensersatzanspruch gegen den Pfleger geltend gemacht werden. Insbesondere kann jeder genügend legitimierte Spender verlangen, daß der Pfleger den dem S. U. zugefügten Schaden wieder ersetze.

---

[1]) Kleemann, S. 92.

QUELLENREGISTER.

Bürgerliches Gesetzbuch.

SACHREGISTER.

(Die Ziffern bezeichnen die Seiten.)